LA EDUCACIÓN UNIVERSITARIA Y EL MEDIO AMBIENTE

LA EDUCACIÓN UNIVERSITARIA Y EL MEDIO AMBIENTE

Dra. Nora Hilda González Durán
Dr. Javier Guzmán Obando
Dr. Juan Antonio Olguín Murrieta
Dr. Juan Carlos Guzmán García
M.I. María Elena Martínez García

Número de Control de la Biblioteca del Congreso de EE. UU.:   2018907509
ISBN: Tapa Dura   978-1-5065-2577-8
                  Tapa Blanda   978-1-5065-2578-5
                  Libro Electrónico   978-1-5065-2579-2

Para realizar pedidos de este libro, contacte con:
Palibrio
1663 Liberty Drive, Suite 200
Bloomington, IN 47403
Gratis desde EE. UU. al 877.407.5847
Gratis desde México al 01.800.288.2243
Gratis desde España al 900.866.949
Desde otro país al +1.812.671.9757
Fax: 01.812.355.1576
ventas@palibrio.com
780442

ÍNDICE

INTRODUCCIÓN.

En este libro se reúnen trabajos que fueron presentados como resultado de las investigaciones realizadas en las áreas de educación y medio ambiente, a sabiendas de la importancia que ha adquirido hoy en día los fenómenos climáticos que se han estado presentando en nuestro planeta, es por ello que la realización de estas investigaciones se vuelven tan importantes, ya que nos permiten conocer que tanto están contribuyendo las Universidades a la preparación de las nuevas generaciones para enfrentar estos cambios y de esta forma contribuir con los sectores público y privado en mejorar la participación de las nuevas generaciones en este tema.

Hablar sobre el tema de medio ambiente y el cómo está siendo afrontado por el gobierno federal y las instituciones de educación superior en México y en especial en el estado de Tamaulipas es relativamente nuevo, si bien, existen muchas investigaciones a nivel mundial y en el estado de Tamaulipas, éstas no han sido abordadas desde la perspectiva de la educación superior como institución formadora de nuevos profesionales comprometidos con el desarrollo de su entorno en armonía con el medio ambiente. Siendo que éstos serán los futuros profesionistas que enfrenten los desafíos que implica el desarrollo de México y del mundo, pero buscando mantener el equilibrio con el planeta.

Los daños que causamos al planeta, están provocando grandes alteraciones al medio ambiente, al provocar que haya tormentas más poderosas, terromotos con mayor fuerza y duración e inundaciones y sequías donde antes no se presentaban; es decir, se están alterando los ciclos del planeta y parece que sus habitantes no nos damos cuenta de lo que está pasando. De ahí la importancia de concientizar en las instituciones de educación superior, tanto a docentes como alumnos de la importancia de convivir en armonía con el medio ambiente.

La Universidad Autónoma de Tamaulipas, comprometida como siempre en formar profesionistas íntegros, ha decidido desde hace 15 años introducir en los programas educativos que ofrece impartir materias referentes al medio ambiente en las distintas áreas que oferta para concientizar tanto al alumno como al docente sobre la importancia de los cambios que se presentan en el mundo así como el conocer sobre los productos que ocasionan daño en el ambiente y como contribuir para afectar menos nuestro planeta.

Atentamente.
Los Compiladores

Capítulo 1. Programa de ahorro de energía eléctrica en Universidad Valle de México- Tampico.

Javier Guzmán Obando
Juan Carlos Guzmán García
Carlos Alfredo Loredo Hernández
José Emmanuel Morales Barqueiro

Capitulo I. Programa de ahorro de energía eléctrica en Universidad Valle de México- Tampico

1. Introducción

En los últimos años el consumo de energía eléctrica se ha elevado a un ritmo superior al crecimiento económico, ya que suple las necesidades del aparato productivo, porque está relacionado con mayores niveles de vida y propósitos no materializados, esta mezcla lleva a reflexionar, sobre todo si se tiene en cuenta que en energía se gasta una importante cantidad.

Debido a este ritmo de crecimiento se deben tomar una serie de acciones que impidan aumente el índice físico del consumo energético, y para esto resulta imprescindible identificar y explotar todas las reservas de eficiencia, extendiéndose el proceso al acomodo de carga, lo que es sinónimo de eliminar todas las producciones y servicios que no están haciendo trabajo útil en el horario de máxima demanda.

Esta realidad pone de manifiesto que la electricidad no es sólo el enchufe donde se conectan los equipos, es el final de la inmensa cadena que se origina en las grandes centrales de generación y para que llegue hasta las zonas donde se utiliza.

Además, son muchas las posibilidades de reducción del consumo de energía que se gasta en iluminación, desde el simple cambio de una lámpara hasta la implementación de nuevos sistemas con equipamiento electrónico inteligente en diferentes sistemas de la industria y en el hogar.

Dado lo anterior se tuvo la iniciativa de generar una propuesta de un programa de uso eficiente y ahorro de la energía eléctrica para la institución Universidad Valle de México (UVM) Campus Tampico.

1.2 Objetivos de la investigación

1.2.1 Objetivo general

Desarrollar la propuesta de estrategias de gestión para racionalizar los consumos de energía eléctrica en las instalaciones de la Universidad Valle de México Campus Tampico.

1.2.2 Objetivos específicos

1. Analizar la situación actual del consumo de la energía eléctrica en el campus UVM Tampico.
2. Identificar las áreas de oportunidad en la gestión y el uso de la energía eléctrica.
3. Diseñar las estrategias para el consumo eléctrico racional en el campus.
4. Proponer las estrategias adecuadas para el uso racional de la energía eléctrica.

1.3 Planteamiento del problema

En este estudio se pretende dar respuesta a la siguiente pregunta general:

¿Cuáles son las implicaciones que tiene el generar una propuesta de estrategias de gestión para racionalizar los consumos de energía eléctrica en las instalaciones de la Universidad Valle de México Campus Tampico?

1.4 Supuesto

A través de la implementación de un programa de uso racional y ahorro de la energía eléctrica:
1. se reduce el consumo de energía eléctrica; y,
2. se concientiza a la comunidad en el uso de energía eléctrica.

Todo ello, para reducir la huella de carbono al medio ambiente.

1.5 Justificación

El uso eficiente y ahorro de energía eléctrica se fomenta por la necesidad de reducir la emisión de Gases de Efecto Invernadero que están impactando negativamente al planeta; al disminuir la dependencia al consumo desmesurado de energía eléctrica se lograría cumplir con la meta de reducción de la huella de carbono (Espíndola & Valderrama, 2012).

Considerando la condición real y actual del recurso energético, cabe señalar que la UVM campus Tampico no cuenta con un programa de uso eficiente y ahorro de energía eléctrica. Es así como en el presente estudio se proyecta una propuesta de un programa que tiene como fin promover el uso racional de la energía eléctrica en sus instalaciones, en donde toda la comunidad sea concientizada y se involucre en el desarrollo del mismo.

1.6 Alcance y delimitaciones

1.6.1 Alcance

El alcance del proyecto es proponer las diferentes soluciones para racionalizar el consumo de energía eléctrica en la UVM Campus Tampico. Esto a través de un "Programa de Uso Eficiente y Ahorro de la Energía Eléctrica", en donde se presentarán estrategias para reducir los consumos y aprovechar los recursos de gestión y la participación de la comunidad del Campus.

Durante el primer año de implementación del Programa de Uso Eficiente y Ahorro de la Energía Eléctrica se estiman los siguientes beneficios directos:

- Reducción del 15% al 20% del consumo mensual de energía eléctrica.
- Reducción del 15% al 20% de la huella de carbono.
- Ahorro económico del 15% al 20% mensual por concepto de facturación de energía eléctrica KWH.
- Ahorro económico del 30% al 40% mensual por concepto de facturación de Demanda Facturable KW.
- Implementación de prácticas administrativas a un programa de eficiencia energética.
- Buena imagen e impacto ante la sociedad de la Universidad.

1.6.2 Delimitaciones

Este programa está dirigido únicamente para el Campus Tampico de la UVM, el estudio de dicho programa está diseñado para una primera fase en la cual se espera la implementación de buenas prácticas y la administración de la energía eléctrica; así como la concientización del uso racional de la energía en la comunidad en general de la institución.

El estudio se llevó a cabo a través de una investigación de campo, el cual se inició con fecha del 22 de julio del 2017 y concluyó el día 12 de agosto del 2017.

2. Fundamentación Teórica

2.1 Marco Contextual

Este proyecto se realizó en la UVM Campus Tampico la cual se encuentra ubicada en Prolongación Calle Diez 106, Gustavo Díaz Ordaz, Lomas de Rosales, 89108 Tampico, Tamaulipas, como se puede observar en la figura 1.

Institución académica que imparte enseñanza medio superior a superior desde bachillerato hasta posgrados; cuenta con diferentes edificios y oficinas administrativas que se encuentran plenamente iluminadas y climatizadas, así como también con alumbrado externo.

El horario de operación comprende en promedio de 12 a 13 horas diarias, con un uso energético constante.

Figura 1 Edificio y ubicación de la UVM Campus Tampico

2.2 Marco Teórico

2.2.1 Uso eficiente de energía

El uso racional de la energía eléctrica es el uso consciente para utilizarlo estrictamente necesario. Esto lleva a maximizar el aprovechamiento de los recursos naturales que en la actualidad comienzan a escasear en todo el mundo.

En casi todos los países del mundo, en particular en su sector energético, se vienen implementando políticas de uso racional de la energía eléctrica ya que la población y el consumo crecen a gran velocidad generando la saturación de las líneas de distribución y los riesgos de desabastecimiento eléctrico.

Según estimaciones de la agencia internacional de la energía, el uso racional de la energía tanto a nivel domiciliario como a nivel industrial implicaría un ahorro en el consumo del 15 al 20%. Este ahorro prorrogaría el agotamiento de los recursos no renovables utilizados en la generación de electricidad, permitiendo a los países encarar obras y devolverle al sistema su adecuado funcionamiento.

2.2.2 Eficiencia Energética

La eficiencia energética es una práctica que tiene como objetivo reducir el consumo de energía. La eficiencia energética es el uso eficiente de la energía, de esta manera optimizar los procesos productivos y el empleo de la energía utilizando lo mismo o menos para producir más bienes y servicios. Dicho de otra manera, producir más con menos energía. No se trata de ahorrar luz, sino, por ejemplo, de iluminar mejor consumiendo menos electricidad.

2.2.2.1 Programas en México referentes a la eficiencia energética

En México, derivado del Decreto por el que se reforman y adicionan diversas disposiciones de la Constitución Política de los Estados Unidos Mexicanos, en Materia de Energía, publicado el 20 de diciembre de 2013, se estableció en el décimo octavo transitorio que "El Ejecutivo Federal, por conducto de la Secretaría del ramo en materia de Energía y en un plazo no mayor a trescientos sesenta y cinco días naturales contados a partir de la entrada en vigor del presente Decreto, deberá incluir en el Programa Nacional para el Aprovechamiento Sustentable de la Energía, una estrategia de transición para promover el uso de tecnologías y combustibles más limpios". De acuerdo a lo anterior se desarrolla el "Programa Nacional para el Aprovechamiento Sustentable de la Energía 2014-2018" (PRONASE, 2014).

Diagnóstico

Dada la situación actual, el Gobierno de la República atiende la necesidad de llevar a cabo acciones para el aprovechamiento sustentable de la energía que contribuyan a la seguridad energética y económica del país, promoviendo la eficiencia energética en los diversos sectores productivos y de consumo de energía en México, a partir del reconocimiento de las áreas de oportunidad y sus fortalezas institucionales.

Acciones realizadas de eficiencia energética en México y sus instituciones

El mayor impacto de las acciones de eficiencia energética se obtiene a través de:

- Uso de equipos y sistemas con los mayores niveles de eficiencia energética.
- Mejores prácticas y hábitos con relación al uso de energía.

En este sentido, las instituciones del Gobierno Federal dedicadas a la eficiencia energética han coordinado sus esfuerzos hacia:

- La normalización de equipos y sistemas para asegurar que los que entran al mercado lo hagan con la mayor calidad y desempeño energético con los mayores niveles de eficiencia energética.
- Los programas de apoyo a los usuarios finales para promover la sustitución de equipos y sistemas de baja eficiencia por los de mejor desempeño energético.
- Los programas de información y educación a diversos conjuntos de usuarios para mejorar y orientar hacia los mejores hábitos prácticas en el uso de la energía.

2.2.2.2 Impulsores de las políticas de eficiencia energética del gobierno

En la tabla 1, se presentan los 4 impulsores de las políticas de eficiencia energética con sus respectivos objetivos típico.

IMPULSOR	OBJETIVOS TÍPICOS
Desarrollo económico y competitividad	• Lograr costos más asequibles para los consumidores de energía
	• Reducir la intensidad energética
	• Incrementar la competitividad económica industrial y nacional
	• Reducir los costos de producción
Seguridad energética	• Reducir las importaciones de energía
	• Reducir la demanda interna para maximizar las exportaciones
	• Elevar la confiabilidad del sistema energético
	• Controlar el aumento de la demanda de energía
Cambio climático	• Contribuir a los esfuerzos de mitigación y adaptación mundiales
	• Cumplir las obligaciones estipuladas en la convención Marco de las Naciones Unidas sobre el Cambio Climático (CMNUCC)
Salud pública	• Reducir la contaminación local en interiores

Tabla 1 Objetivos típicos de los impulsores de las políticas de eficiencia energética.

Objetivos del PRONASE

El PRONASE es el instrumento del Ejecutivo Federal mediante el cual se establecen los objetivos, metas, estrategias y acciones que permitirán alcanzar el uso óptimo de la energía en todos los procesos y actividades de la cadena energética, para su explotación, producción, transformación, distribución y consumo o uso final (PRONASE, 2014).

Para lograr lo anterior se establecen seis objetivos:

Objetivo 1. Diseñar y desarrollar programas y acciones que propicien el uso óptimo de energía en procesos y actividades de la cadena energética nacional.

Objetivo 2. Fortalecer la regulación de la eficiencia energética para aparatos y sistemas consumidores de energía fabricados y/o comercializados en el país.

Objetivo 3. Fortalecer los sistemas e instancias de gobernanza de la eficiencia energética a nivel federal, estatal y municipal e integrando instituciones públicas, privadas, académicas y sociales.

Objetivo 4. Fomentar el desarrollo de capacidades técnicas y tecnológicas vinculadas al aprovechamiento sustentable de la energía.

Objetivo 5. Contribuir en la formación y difusión de la cultura del ahorro de energía entre la población.

Objetivo 6. Promover la investigación y desarrollo tecnológico en eficiencia energética.

AGENCIA INTERNACIONAL DE ENERGÍA

La Agencia Internacional de Energía (AIE) es un organismo autónomo, creado en noviembre de 1974. Su mandato original tenía, y sigue teniendo, una doble vertiente: promover la seguridad energética entre sus países miembros mediante una respuesta colectiva a las interrupciones materiales del suministro de petróleo, e investigar y analizar fiablemente las posibilidades de garantizar una energía segura, asequible y limpia a sus 28 países miembros y a terceros (ETP, 2017). La AIE ha instaurado un programa integral de cooperación energética entre sus países miembros, cada uno de los cuales está obligado a mantener reservas de petróleo equivalentes a 90 días de sus importaciones netas. Entre las metas de la Agencia, cabe destacar los siguientes objetivos:

- Asegurar el acceso de sus países miembros a una oferta abundante y confiable de todos los tipos de energía; en especial, al mantener capacidades eficaces para responder en situaciones de emergencia en caso de interrupciones en el suministro de petróleo.
- Promover políticas energéticas sustentables que estimulen el crecimiento económico y la protección ambiental en un contexto mundial; sobre todo, en cuanto a reducir las emisiones de gases de efecto invernadero que contribuyen al cambio climático.

- Aumentar la transparencia de los mercados internacionales mediante la recopilación y el análisis de datos sobre energía.
- Apoyar la colaboración mundial en tecnología energética para asegurar el suministro futuro de energía y moderar sus efectos sobre el medio ambiente; por ejemplo, mediante una mejor eficiencia energética y el desarrollo y utilización de tecnologías con baja emisión de carbono.
- Hallar soluciones para los desafíos a que en materia de energía se enfrenta el planeta, a través de la participación y el diálogo con países no miembros, la industria, los organismos internacionales y otros interesados directos.

2.5 Estado del Arte

A continuación, se muestran 2 casos de éxito una localidad y una empresa donde se implementó un programa similar de ahorro de energía.

1. Caso de Éxito ISO 50001-Gestión de la energía en un municipio: cambio en instalación eléctrica y luminarias.

Datos específicos del caso de éxito

País: México.

Sector: Gubernamental.

Lugar: Municipio de Atlacomulco de Fabela Estado de México.

Actividad principal: Servicio Público

Población que atiende: 97300 habitantes.

KWH anuales ahorrados: 844,128

Porcentaje de ahorro: 30 %

Alcance de la implementación: 1,954 puntos de luz.

Período de recuperación de la inversión: 2.5 años.

Cambio de iluminación y cableado eléctrico en las calles dentro del perímetro del circuito vial Jorge Jiménez Cantú Atlacomulco de Fabela del Estado de México.

2. Grupo Bimbo: Caso de éxito de una empresa sostenible.

Grupo Bimbo se fundó en 1945, desde ese entonces esta ha sido una empresa innovadora en materia medio ambiental. En 1991 formalizó su política en materia ambiental y de ahorro de energía con la instrumentación de la administración ambiental. Más tarde, en 2002, implementó el sistema integrado de gestión ambiental para todas sus plantas en 2007 Grupo Bimbo lanzó su programa comprometidos con el medio ambiente, a través del cual logró reducir su consumo de energía, agua, residuos y emisiones de gases de efecto invernadero. En 2011 este programa evolucionó para tomar en cuenta toda la cadena de valor con el proyecto "Reducción de huella ambiental."

En materia de ahorro energético Grupo Bimbo busca optimizar sus procesos de producción, haciéndolos más eficientes, económicos y sustentables. Una acción clave es el calentamiento de agua con paneles solares para disminuir el consumo de gas en sus plantas. Por medio de estas y otras acciones logró reducir sus indicadores de energía utilizada por tonelada de producción.

Una de las acciones más importantes en cuestión energética fue la construcción del parque eólico "Piedra larga", ubicando a Grupo Bimbo como la primera empresa que hace un viraje mayor hacia las energías renovables en la industria de alimentos.

Grupo Bimbo detectó que el 48% de sus emisiones de gases de efecto invernadero provienen de transportes y vehículos, mientras que el 52% se generan durante la manufactura de sus productos. Para reducir las emisiones globales de la empresa se renovaron 2,672 vehículos con el objetivo de lograr una mayor eficiencia en el uso de combustibles. Grupo Bimbo también cuenta con flotilla de vehículos con tecnología hibrida y eléctrica. Con estas acciones Grupo Bimbo dejó de emitir más de 7200 toneladas de CO_2 (Bimbo, 2012).

3 Marco Metodológico

3.1 Enfoque de la investigación

El enfoque metodológico de este proyecto es cuantitativo ya que a través de la recolección de datos en campo se obtienen cifras y cantidades del consumo de energía eléctrica, en todas las áreas que integran el edificio de la UVM Tampico.

3.2 Tipo de investigación

El tipo de investigación que se realiza para este proyecto, es de tipo aplicativa ya que en base a los datos que se obtengan, se darán estrategias a aplicar para el ahorro de energía electica.

De igual forma la investigación será de tipo explicativa y de tipo deductiva, ya que, al realizar análisis estadístico de datos, se tratará de explicar por qué se tiene el consumo actual de energía, y se deducirá o determinará las prácticas correctas para contribuir a la misma causa.

3.3 Población y muestra

3.3.1 Población

Se considera a la población a toda la capacidad instalada en el Campus, como se puede observar en la tabla 2.

3.3.2 Muestra

En el estudio no se requiere del cálculo de una muestra, por lo que la investigación se realizó en todas las instalaciones del Campus en donde se encuentren los equipos mencionados en la tabla 2, la cual considera los siguientes edificios:

Edificio Administrativo, Edificio "A", Edificio "B", Edificio "C", Edificio "D", Edificio "E", Edificio "F", Edificio "H"

Piezas Total		Capacidad total instalada
Concentrado de luminarias en UVM Tampico	1,775	66,271 Watts
Concentrado de aires acondicionado en UVM Tampico	69	309 toneladas de refrigeración. 330,220 Watts

Tabla2 Capacidad total instalada en
la UVM Campus Tampico

3.4 Instrumentos de medición

Se utilizó entrevista no planeada y la observación para determinar que el uso de luminarias y equipos de aire acondicionados no son utilizados de manera racional en todas las instalaciones del Campus de la UVM Tampico.

Para determinar la capacidad instalada de estos sistemas se desarrollaron tablas en Excel que respaldan los cálculos de energía eléctrica y potencia de todos los equipos, de acuerdo a observación y documentos facilitados por Archivo-UVM, 2017.

3.5 Técnicas de recolección de datos

Mediante entrevista con el personal administrativo y de mantenimiento se solicitó y se obtuvo la siguiente información de la institución:

1. Información técnica de las luminarias y sistemas de aire acondicionado.
2. Programa y horarios del uso de salones y edificios.
3. Histórico de los últimos 12 meses del pago de energía eléctrica a CFE.
4. Programa de mantenimiento de equipos.

4 Análisis de datos y resultados

4.1 Análisis de datos

Se utilizó la matriz de análisis FODA (Fortalezas, Oportunidades, Debilidades y Amenazas), que es una herramienta clásica para evaluar la situación estratégica de una empresa y definir cursos de acción. Con este análisis se buscó detectar y aprovechar las oportunidades particulares para UVM Campus Tampico, eludiendo sus amenazas, mediante un buen uso de sus fortalezas y una neutralización de sus debilidades. Dicho análisis se observa en la figura 2.

Figura 2 Matriz de Análisis FODA de
la UVM Campus Tampico

4.2 Análisis de resultados

La situación de los últimos 12 meses del comportamiento del uso de la energía eléctrica del Campus se describe en las gráficas 1, 2 y 3; y en las tablas 1, 2 y 3.

De acuerdo a la gráfica 1, se obtienen los siguientes resultados:

Consumo máximo de energía eléctrica: 67,592 KWH (septiembre 2016)

Consumo mínimo de energía eléctrica: 28,278 KWH (diciembre 2016)

Consumo promedio de los 12 meses: 53,768 KWH

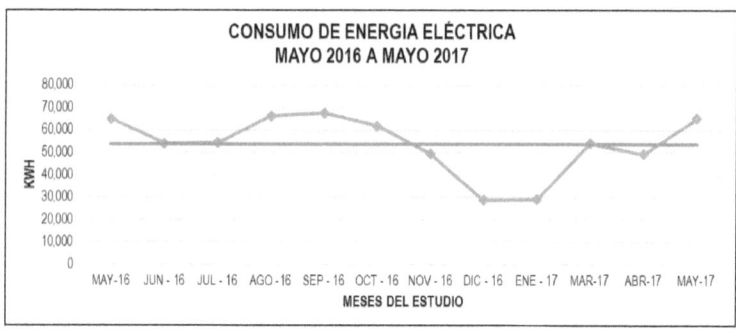

Gráfica 1 Consumo de energía eléctrica del Campus en el periodo de mayo de 2016 a mayo de 2017

Gráfica 2 Demanda facturable de energía eléctrica del Campus en el periodo de mayo de 2016 a mayo de 2017

De acuerdo la gráfica 2, en cuanto a demanda facturable, se obtienen los siguientes resultados:

Demanda Facturable Máxima: 204 KW (septiembre 2016)

Demanda Facturable mínima: 148 KW (junio 2016)

Demanda Facturable promedio de los 12 meses: 172.67 KW

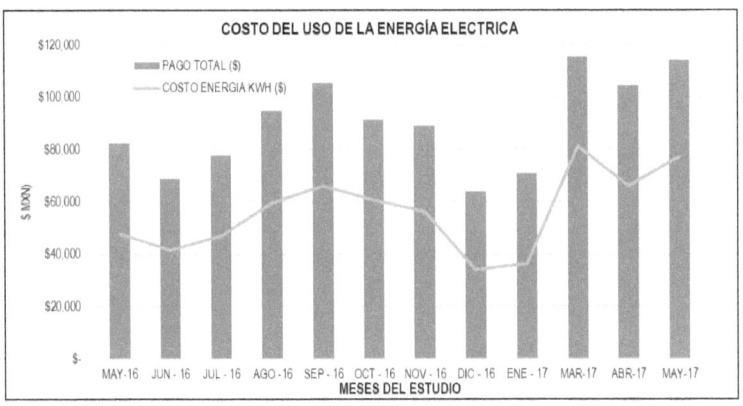

Gráfica 3 Costos del uso de la energía eléctrica del Campus en el periodo de mayo de 2016 a mayo de 2017

Tabla 3 Costos del uso de la energía eléctrica del Campus en el periodo de mayo de 2016 a mayo de 2017

CONCEPTO	MAY-16	JUN – 16	JUL – 16	AGO -16	SEP – 16	OCT - 16	NOV - 16	DIC - 16	ENE - 17	MAR-17	ABR-17	MAY-17
COSTO ENERGIA KWH ($)	47,681	41,503	47,099	59,501	66,082	60,682	56,378	34,082	36,332	81,235	65,985	77,021
COSTO DE KW ($)	34,787	27,257	30,638	35,207	39,111	30,810	32,735	29,680	34,515	34,193	38,358	37,051
PAGO TOTAL ($)	82,469	68,760	77,738	94,708	105,193	91,492	89,113	63,762	70,847	115,428	104,343	114,072

Tabla 4 Capacidad instalada en KW:

Luminarias	66.27 KW
Aires acondicionados	330.22 KW
Total	396.49 KW

Tabla 5 Demanda Facturable óptima de la instalación:

Luminarias	40.89 KW
Aires acondicionados	50.35 KW
Total	91.24 KW

Tabla 6 Consumo óptimo de energía eléctrica:

Luminarias	9,500 KWH
Aires acondicionados	29,000 KWH
Otros (cómputo, motores)	5,5000 KWH
Total	44,000 KWH

Los datos correspondientes para el cálculo de la huella de carbono, se muestran en la gráfica 4; así como en la gráfica 5 se presenta la energía eléctrica utilizada conta la huella de carbono.

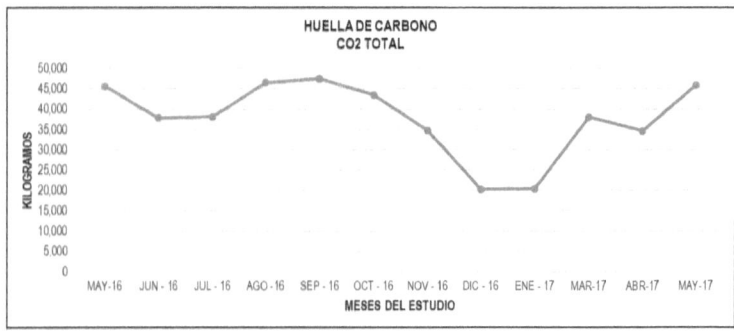

Gráfica 4 Datos generales para el cálculo de la Huella de Carbono

Cálculo total de la Huella de Carbono

Reducción de consumo de energía eléctrica 12 meses posteriores: **117,224 KWH**

Reducción de la huella de carbono 12 meses posteriores: **82,408 KG CO$_2$**

1 KWH = 0.703 kg metric CO$_2$; Emissions & Generation Resource Integrated Database (eGRID)

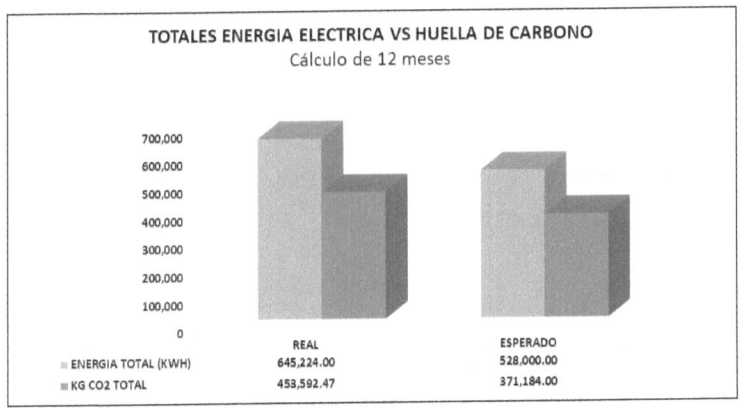

Gráfica 5 Total de energía eléctrica contra huella de carbono en un año

5 Programa de uso eficiente y ahorro de la energía eléctrica aplicado a la Universidad de Valle de México Campus Tampico

Una vez realizado el estudio, y como resultado del análisis de los datos y la investigación realizada, en el presente apartado se describe detalladamente el Programa de uso eficiente y ahorro de la energía eléctrica aplicado a la Universidad de Valle de México Campus Tampico.

5.1 Filosofía del proyecto

Este programa logrará la reducción del consumo de energía eléctrica disminuyendo la Huella de Carbono del Campus; por lo que la Universidad estará contribuyendo al cuidado del medio ambiente y podrá implementar la gestión de sus procesos enfocados a la eficiencia de energética lo que dará una imagen positiva ante la sociedad.

5.1.1 Misión

Somos un grupo de estudiantes de maestría compuesto por especialistas en diferentes disciplinas que buscan la concientización del uso responsable de energía eléctrica para reducir la huella de CO_2 en el medio ambiente.

5.1.2 Visión

La visión del proyecto es convertirse en una iniciativa nacional de reducción de consumo de energía eléctrica y de huella de carbono en todos los campus de la UVM, adaptándose cada programa a las instalaciones y administración de cada uno de ellos.

5.1.3 Políticas

1. La alta dirección de la institución debe apoyar el proyecto de manera total para que implemente en todas áreas y los sistemas de gestión.
2. Las funciones de los integrantes de la organización deben estar enfocadas al uso racional de la energía eléctrica y fomentarlo con la comunidad del campus.
3. UVM Campus Tampico debe estar preocupada por el medio ambiente para así implementar el programa de uso eficiente y ahorro de la energía eléctrica.

5.2 Cadena de valor del proyecto

El ciclo del negocio de los servicios energéticos consiste en una cadena de valor que nace con la identificación de la oportunidad de cubrir una necesidad (mejorar la eficiencia energética en una instalación) y que termina con el último pago por parte del cliente. Dicha cadena está compuesta por eslabones que representan productos comercializables en sí mismos (Quintero y Sánchez, 2006). Todo el proceso se retroalimenta haciendo que el ciclo de vida de los servicios energéticos se pueda repetir continuamente, como se puede observar en la figura 3.

El proceso se inicia con la identificación y análisis del problema, captación de datos y estrategias, la gestación del plan de acción, la sensibilización de la sociedad, la elaboración y puesta en marcha del plan de acción, las asesorías y capacitación de los involucrados en la misión y visión, seguimiento y precisión en el diseño de la solución, su implantación, el control de calidad, y la verificación de los resultados –ahorros- para asegurar la solidez de los casos económicos base del contrato.

Fase dos: Componente jurídico y financiero: necesarios para ayudar a estructurar una operación de largo plazo y conseguir, o ayudar a conseguir, la financiación necesaria para la instalación de equipos más eficientes y de mejor tecnología.

5.3 Estrategias

Propuesta de "Programa de uso eficiente y ahorro de la energía eléctrica aplicado a la Universidad de Valle de México Campus Tampico"

De acuerdo al análisis y a los resultados obtenidos en la investigación se propone a la UVM Campus Tampico implementar las estrategias que se mencionan en los siguientes apartados.

5.3.1 Estrategias técnicas-operativas

1. Capacitación técnica a los líderes administrativos, de mantenimiento, encargados de edificios y áreas en común, así mismo realizar evaluación de este entrenamiento.
2. Incluir en las responsabilidades de los puestos del personal del campus que el cuidado de la energía eléctrica sea una tarea asociada a su función.
3. Elaboración y ejecución de check-list e instrucción operativa para cerrar salones, laboratorios, edificios y áreas que no se ocupen y que no están programadas para su uso, esto de acuerdo a los horarios establecidos; apagando iluminación, aire acondicionado, computadoras y equipos electrónicos.
4. Instrucción operativa para disminuir la demanda facturable para las horas pico de cada mes (periodo punta de CFE).
5. Desarrollar indicadores de efectividad del uso de las instalaciones vs. horas programadas de uso.
6. Programas y realizar auditorías internas entre departamentos enfocada a la eficiencia y el uso racional de la energía eléctrica.
7. Llevar a cabo un control de medición y del consumo de energía eléctrica diario.

Figura 3 Cadena de valor del proyecto

5.3.2 Estrategias mercadológicas

1. Llevar a cabo platicas informativas acerca del uso racional de la energía eléctrica a docentes, alumnos y administrativos.
2. Colocar banners en puntos estratégicos de la UVM con leyendas del uso racional de la energía eléctrica.
3. Colocar Stickers en apagadores de aulas y en los equipos de cómputo, fomentando el apagado de los mismos.

4. Elaborar un video promocional de ahorro de energía eléctrica en las pantallas y computadoras del campus Tampico.

5. Fomentar, impartir y realizar dinámicas de temas de ahorro de energía en las materias relacionadas con el medio ambiente.

6. Organizar campañas de concientización del ahorro de energía eléctrica; involucrando alumnos, personal y externos.

7. Hacer uso de redes sociales y la WEB de la universidad para difundir el programa de ahorro de energía eléctrica, compartiendo esta filosofía ante la comunidad y generando imagen positiva de la universidad.

8. Crear una brigada de voluntarios UVM para supervisión y control de uso adecuado de los equipos en el campus.

9. Entregar reconocimientos a los alumnos y personal que participen en las brigadas de la UVM Campus Tampico.

6 Conclusiones, Recomendaciones y Trabajo futuro

6.1 Conclusiones

- El consumo actual de energía eléctrica de la UVM campus Tampico está por encima óptimo ya que no tienen implementado un programa de uso eficiente y ahorro de energía eléctrica.

- De acuerdo con la Agencia Internacional de Energía, toda instalación que implemente un programa del uso eficiente de la energía eléctrica podrá ahorrar de un 15% a un 20% directo en consumo.

- Al disminuir el consumo de energía eléctrica se reducirá directamente la huella de carbono del campus; en un año la reducción de emisión de CO_2 será de 82,408 KG aproximadamente.

- No hay cuidado de la demanda facturable en las horas pico del día por lo cual esta puede reducirse hasta un 30%, lo que implicaría un ahorro de energía y económico en este horario.
- El programa de mantenimiento de los equipos de aire acondicionado es el adecuado; los mini Split no son de la más alta eficiencia.
- Existen mucha cantidad de luminarias en salones y algunas no alumbran adecuadamente y consumen más energía, lo cual implica un sobre uso de estas; existen luminarias más eficientes que cubren áreas mayores.
- No hay señalamientos para el apagado de las luminarias; algunas áreas las mantienen encendidas durante el día.
- No hay cultura del uso eficiente de la energía eléctrica en el campus.

6.2 Recomendaciones

Para el arranque e implementación del "Programa de Uso Eficiente y Ahorro de la Energía Eléctrica" las recomendaciones son las siguientes:

- Disponibilidad, apoyo y compromiso de todo el personal del campus para llevar a cabo el programa.
- Concientización sobre el uso de la energía eléctrica y el cuidado al medio ambiente de toda la comunidad.
- Ejecutar las estrategias y buenas prácticas propuestas en este proyecto.
- Realizar un programa de las estrategias y objetivos del programa que se llevarán a cabo, con

responsabilidades y fechas compromiso de los participantes.

* Realizar auditorías para el seguimiento y control del programa.

6.3 Trabajo futuro: Segunda etapa del "Programa de Uso Eficiente y Ahorro de la Energía Eléctrica"

Una vez que sea implementado el programa este dará resultados positivos de acuerdo con los objetivos planteados en la etapa inicial; como parte de la mejora continua del programa se deberán buscar más beneficios para el uso racional de la energía eléctrica; estas estrategias deberán proponerse en una segunda etapa del proyecto, en donde recomendamos lo siguiente:

* Evaluación del diseño y mejora de las instalaciones actuales; área eléctrica, aire acondicionado e iluminación.
* Cambio de equipos obsoletos por equipos más eficientes.
* Participación en programas para el financiamiento de proyectos de inversión, con instituciones enfocadas al cuidado del medio ambiente a través de la eficiencia energética.

Referencias bibliográficas

Archivo-UVM (2017). Documento Excel UVM Energía; Uso de escenarios por clase de las áreas LC, LX y PC; Programa Anual 2017 UVM Campus Tampico.

Bimbo (2012). https://negociosverdestec.wordpress.com/ 2012/08/21/grupo-bimbo-caso-de-exito-de-una-empresa-sostenible/

Espíndola, C., & Valderrama, J. O. (2012). Huella del carbono. Parte 1: conceptos, métodos de estimación y complejidades metodológicas. *Información tecnológica, 23*(1), 163-176.

ETP (2017). Energy Technology Perspectives 2017. Resumen Ejecutivo Spanish translation. Internationa Energy Agency https://www.google.com.mx /url?sa=t&rct= j&q=&esrc=s&source=web&cd=1&cad=rja&uact= 8&ved= 0ahUKEwjksv3Yrt3VAhVF54MKHWteD8oQFggq MAA&url= https%3ª %2F%2Fes.slideshare.net% 2FMX Procobre%2Fcaso-de-xito-iso-50001-gestion-de-la-energa-en-un-municipio-cambio-en-instalacin-elctrica-y-luminarias-icaprocobre-oct-2016&usg=AFQjCNE2 BeD5lDnRlVFU6aZQ3aLg8xxOZA

PRONASE (2014). Programa Nacional para el Aprovechamiento Sustentable de la Energía 2014-2018 (Gobierno Federal).

Quintero, J., & Sánchez, J. (2006). La cadena de valor: Una herramienta del pensamiento estratégico. *Telos, 8*(3).

Wang, Z. L. (2015). Triboelectric nanogenerators as new energy technology and self-powered sensors– Principles, problems and perspectives. *Faraday discussions, 176,* 447-458.

Capítulo 2. El Impacto de la publicidad ambiental en la Universidad Autónoma de Tamaulipas.

Nora Hilda González Durán
Juan Antonio Olguín Murrieta
Rosa María Hernández Rejón
Norma Angélica Vázquez Pimienta

CAPITULO 2. El Impacto de la publicidad ambiental en la Universidad Autónoma de Tamaulipas.

INTRODUCCIÓN

En el mundo se vive actualmente una gran crisis en lo que se refiere al cuidado del medio ambiente, hemos visto como el cambio climático que se experimenta empieza a afectar a ecosistemas y organismos que habitan en ellos, todo esto debido a la mano del ser humano, como el organismo más inteligente del planeta, ha sido el principal motor de acción para la contaminación.

La acumulación de gases produce el cambio climático que está derritiendo los polos del planeta tierra y como se destruye con el paso del tiempo la capa de ozono, la cual nos cubre de los rayos UV del sol. Todo esto gracias a la deforestación a gran escala, el uso de combustibles fósiles y la rápida expansión de la agricultura de regadíos.

Pero no solo tiene ese efecto directo sobre el medio ambiente, también afecta al ser humano, principalmente en la salud porque aumenta el nivel de mortalidad con las "olas de calor", y otros fenómenos climáticos extremos, principalmente en ancianos, niños y personas con procesos crónicos, como enfermedades cardiovasculares o respiratorias, por su menor capacidad fisiológica.

Estos factores hacen que podamos ver cómo están realmente afectando las acciones que realizamos al día, y si no se tiene una idea diferente, la gente no cambiara y en el futuro se extinguirá todo ser vivo que alguna vez habitó el mundo gracias a que el humano se la está quitando con su contaminación en medidas gigantescas.

Uno de los principales problemas ambientales en México es el manejo incorrecto de los residuos sólidos que constituye una amenaza grave para la salud. Ya que en poblaciones donde el suministro de agua ha sido invadida por residuos de filtraciones, la población de las zonas sin servicio de recolección de basura, sobre todo de los niños en edad preescolar, los trabajadores de la limpieza, los trabajadores de los centros que producen materiales tóxicos o infecciosos; además, el vertido industrial de residuos peligrosos que se mezcla con las basuras domésticas pueden hacer que la población sea expuesta a amenazas de origen químico o radiactivo. Fuente: Instituto Nacional de Ecología. http:// www2.ine.gob.mx/publicaciones/libros/372/fuentes.html

Planteamiento del Problema.

Actualmente, la conciencia ecológica y el consumo responsable de productos ha empezado a crecer dentro de la sociedad, anidándose en las mentes de gente que desea transmitir esos mismos pensamientos a mas individuos y que cambien las acciones a las que estamos acostumbrados, ahora es el turno de los jóvenes para probar que también les interesa el cuidado del ambiente y de los ecosistemas que nos rodean, y que son atacados y destruidos por empresas que el mismo ser humano crea para que podamos "vivir mejor" sin importar el mal que le hagan al planeta.

Tenemos que adentrarnos en la mente de los estudiantes con una estrategia clara y precisa de publicidad para crear la conciencia necesaria y alentar dentro de cada una de las personas esa cuestión en especial, y al generar ese tipo de dudas, se interesaran más en el problema, así mismo, se pueden aprovechar este tipo de estrategias para impulsar a las nuevas empresas que en estos tiempos generan nuevas ideas, las desarrollen y al final tenemos como resultado nuevos proyectos ecológicos, que dan lugar a nuevos empleos y al mismo tiempo apoyan esta nueva cultura que se pretende establecer permanentemente en la sociedad, no solo en los jóvenes universitarios.

Objetivo General.

Desarrollar una campaña de publicidad para crear conciencia sobre el uso de bienes y servicios ecológicos en jóvenes universitarios del centro universitario Tampico-Madero.

Objetivos Específicos.

- Conocer el nivel de participación que tienen los estudiantes en actividades ecológicas que ayuden a la comunidad.
- Analizar las estrategias implementadas por la Universidad Autónoma de Tamaulipas principalmente sobre el tema del ecologismo.

Delimitaciones.

- La propuesta de la campaña de publicidad ecológica solamente abarca a los jóvenes universitarios del centro universitario Tampico-Madero
- La propuesta de la campaña de publicidad ecológica se creará basándose en los resultados que obtendremos del estudio de mercados.
- Los mensajes ecológicos se publicarán en las diferentes facultades de la Universidad Autónoma de Tamaulipas de la zona sur del estado.

ENFOQUE TEÓRICO.

Mercadotecnia.

"Marketing es la entrega de satisfacción a los clientes obteniendo una utilidad. La meta doble del marketing es atraer a nuevos clientes prometiendo por un lado, un valor superior y, por otro, conservar los clientes actuales dejándolos satisfechos" (Kotler y Armstrong, 2003, p. 2)

La mercadotecnia busca cubrir las necesidades esenciales de los consumidores, dándoles productos o servicios que llenen sus demandas y a su vez apoyarse de esa satisfacción para amarrar al cliente y hacerlo fiel a nuestra marca.

La mercadotecnia es un arte, una persona usa sus capacidades para convencer a la otra de que lo que le está vendiendo, cumple las necesidades justas que necesita satisfacer.

Para que el intercambio tenga lugar deben reunirse cinco condiciones:

1) Que existan al menos dos partes.
2) Que cada parte posea algo que pueda tener valor para la otra parte.
3) Que cada parte sea capaz de comunicarse y hacer entrega.
4) Que cada parte tenga libertad para aceptar o rechazar la oferta.
5) Que cada parte considere que es apropiado o deseable negociar con la otra parte.

Teniendo esto en cuenta, se puede llegar a la conclusión de que la mercadotecnia promueve los procesos de intercambio para lograr la satisfacción de todas las partes que intervienen en él.

Mercadotecnia Social

El concepto de mercadotecnia social dice que "la organización debe establecer las necesidades, deseos e intereses del mercado meta, a la vez proporcionar un valor agregado o mejorar el bienestar del consumidor y de la sociedad". (Kotler y Armstrong, 2008, p. 22).

La principal diferencia entre la mercadotecnia comercial y social es precisamente que la primera busca la venta de un bien o servicio como tal y por el otro lado el marketing social es la venta de ideas hacia la sociedad a fin de provocar un cambio de conducta favorable. Y eso es lo que trabajaremos en este proyecto, el vender ideas que generen un sentimiento en las personas a las que son dirigidas.

Las pioneras de la mercadotecnia social en México son las que actualmente tienen el distintivo de Empresa Socialmente Responsable (ESR), que es una especie de ISO. Incluso, actualmente se elabora a nivel mundial el ISO 26000, el cual habla de algunos temas de responsabilidad social de todas las compañías.

Mercadotecnia Ecológica.

"El marketing ecológico es una forma de percibir y llevar a cabo la relación de intercambio, con el fin de que sea satisfactoria para las partes que intervienen, la sociedad y el entorno natural, ayudando a la conservación y mejora del medio ambiente, al desarrollo sustentable de la economía y la sociedad". (Hartmann, 2004)

Debemos de ser recíprocos con el medio ambiente, estudios realizados estos últimos años han arrojado resultados alarmantes en los que al deterioro del planeta a costa de la sociedad humana, así mismo podemos observarlo en programas de televisión, como el calentamiento global también causa efectos en nuestro planeta, a todas estas cosas, nos vemos obligados a poner un poco de nuestra parte para ayudar a mantener un entorno en el que podamos interactuar de la manera que lo hemos hecho, pero con un poco más de labor social por nuestros ecosistemas. Si se logran vender estas ideas a la sociedad, pueden aportar la ayuda que necesitamos ya que teniendo la cultura ecológica es más sencillo el expandirse.

El marketing ecológico surge a raíz de una necesidad: "las empresas se ven obligadas a adaptarse a las demandas ecológicas de sus mercados y de los organismos que regulan sus actividades dañinas contra el medio". (Lorenzo, 2002)

El ecologismo ha aumentado en los últimos años, y debido a ese incremento, las necesidades de los consumidores fueron mayores, dando lugar al cambio en los productos, modificándoles las piezas para ser de materiales reciclados, o generando un rendimiento que era propicio para el medio ambiente, como los automóviles híbridos que contaminan de menos manera el ambiente, o los paneles solares que ayudan a ahorrar energía eléctrica y disminuir costos.

De acuerdo con Chamorro (2001) el marketing ecológico son actuaciones llevadas a cabo por instituciones no lucrativas como son: administración, grupos ecologistas, asociaciones de consumidores para divulgar ideas y comportamientos deseables para el medio ambiente en la sociedad y distintos agentes sociales y económicos.

El marketing ecológico nace del marketing social, situándolo como intermediario entre los intereses individuales y el interés de los consumidores.

Publicidad.

"El objetivo de la publicidad no es subrayar hechos sobre el producto sino mas bien comunicar una solución a un problema o un sueño" (Kotler, 2003, p. 126)

Leacock mantiene una visión cínica de la publicidad: "La publicidad se puede describir como la ciencia de arrestar a la inteligencia humana el tiempo suficiente para obtener dinero de ella".

"El propósito de la publicidad es contribuir a la vinculación cognoscitiva y la persuasión de los destinarios del mensaje para que conozcan, acepten, deseen y adquieran un producto o servicio" (Kirchner, 2004, p.2)

Kirchner nos dice que la publicidad tiene los siguientes objetivos:

- Incrementar las ventas y, con ellos, las utilidades y la generación de fuentes de trabajo.
- Mejorar el posicionamiento de la empresa, marcas y productos y de sus distribuidores.
- Atraer a nuevos distribuidores.
- Elevar la satisfacción de los consumidores y usuarios mediante el incremento del consumo de los bienes y servicios anunciados, además de incidir en el mejoramiento del nivel y calidad de vida con la información y promoción de nuevos y mejores satisfactores.
- Apoyar el lanzamiento de productos nuevos o no nuevos en nuevos mercados.
- Incrementar el nivel de "fidelidad" de los clientes.
- Instruir sobre la forma de uso y ventajas del producto para que el consumidor logre una mayor satisfacción.
- Conservar a los actuales clientes.
- Atraer canales de distribución.
- Facilitar el trabajo de promoción que realizan los agentes de ventas.
- Kirchner clasifica la publicidad de la siguiente manera:
- En cuanto al ámbito territorial.
- En cuanto al tipo de audiencia a la que va dirigida.
- En cuanto a la intención y el contenido de los mensajes.
- En cuanto a lo que se publicita.
- En cuanto a la forma en que se publicita.
- En cuanto a la intención que se persigue.
- En cuanto al medio utilizado.

Kirchner también nos dice que la publicidad social "es la herramienta de la mercadotecnia social cuyo fin es promover ideas, valores, creencias, imagen de personas e instituciones para lograr efectos como cambio de valores y actitudes, programas de interés comunitario, respaldo político, creencias, etc." (2004, p. 16)

"Medio económico por excelencia para informar simultáneamente a un público cada vez más extenso y lejano, relacionando sus gustos y necesidades con las mercancías y servicios que un mercado ofrece" (Ferrer, 1980, p. 68)

Estrategia.

La estrategia es "un proceso de planificación de recursos y acciones que habrán de utilizarse y ejecutarse en el futuro". (Ediciones Díaz de Santos S.A. 1990, p. 4)

"La estrategia es el camino elegido para conseguir un objetivo" (Kotler, 2003, p. 37).

Kotler también nos dice que la estrategia debe de ser totalmente diferente y difícil de copiar por la competencia, ya que esta es una estrategia fuerte y sostenible; si se sigue la misma estrategia que los competidores, quiere decir que no cuenta con estrategia, si la estrategia es diferente, pero fácilmente imitable, es una estrategia débil.

"Una empresa tiene una estrategia definida si apunta hacia un grupo específico de clientes y necesidades y les proporciona un conjunto de beneficios específicos" (Kotler, 2003, p. 38)

MÉTODOLOGIA.

Enfoque de la investigación.

El estudio propuesto es de carácter descriptivo ya que consiste en llegar a conocer las actitudes predominantes a través de la descripción exacta de las actividades y procesos. Su meta es identificar las relaciones que existen entre dos o

más variables. También es de tipo cuantitativo, debido al tipo de recolección de datos y métodos de investigación.
Tipo de Investigación.

Dentro de las clasificaciones de los tipos de estudio, el presente es descriptivo debido a la evaluación de variables o conceptos con el fin de especificar independientemente cada característica.
La investigación también es de tipo descriptivo, dado que el estudio se aplicará a un determinado grupo de personas escogidas al azar para desarrollar la investigación.

Población y Muestra.

La población en la que se basa el estudio es probabilística porque se cuenta con el número concreto de estudiantes que estudian en el centro universitario Tampico-Madero.
La población que elegimos fueron los estudiantes de la Universidad Autónoma de Tamaulipas campus Tampico ya que a ellos va dirigida la estrategia de publicidad.
La muestra es de tipo sistemática, ya que se tiene determinado de donde la tomaras, pero los encuestados se tomaran de forma aleatoria.
Para saber el tamaño de la muestra debemos utilizar la siguiente formula debido a que conocemos el tamaño de la población finita, que son los estudiantes del campus Tampico, la fórmula es la siguiente:

$$n = \frac{N * Z_a^2 p * q}{d^2 * (N-1) + Z_a^2 * p * q}$$

Dónde:

- N = Total de la población = 15,559 (Dato obtenido del segundo informe del rector José María Leal Gutiérrez).
- Za2 = 1.962 (si la seguridad es del 95%)
- p = proporción esperada (en este caso 50% = 0.5)

- $q = 1 - p$ (en este caso 1-0.05 = 0.95)
- d = precisión (en este caso deseamos un 3%).

Seguridad = 95%; Precisión = 3%; proporción esperada = asumamos que puede ser próxima al 5%; si no tuviese ninguna idea de dicha proporción utilizaríamos el valor p = 0.5 (50%) que maximiza el tamaño muestral. El total de alumnos se obtuvo del informe del rector del año 2012.

El tamaño muestral es de 200.2796, el total de encuestas que se deben aplicar a los estudiantes es de 200.

Recolección de Datos

En este caso se utiliza la técnica de la encuesta, bajo la modalidad de cuestionario como instrumento de registro.

Diseño de instrumento de recolección de Datos.

La encuesta contiene diez preguntas en las que se presentan diferentes temas que darán información acerca del conocimiento o interés que tienen los estudiantes hacia la práctica de actividades ecológicas en la localidad y los diversos medios en los que se da a conocer algún tipo de publicidad ecológica.

ANÁLISIS DE RESULTADOS.

Introducción.

En este apartado se muestran los resultados del cuestionario aplicado a los jóvenes de las diferentes facultades del centro universitario Tampico-Madero, a continuación se muestra la explicación de cada una de las preguntas junto con su gráfica y sus respectivos porcentajes.

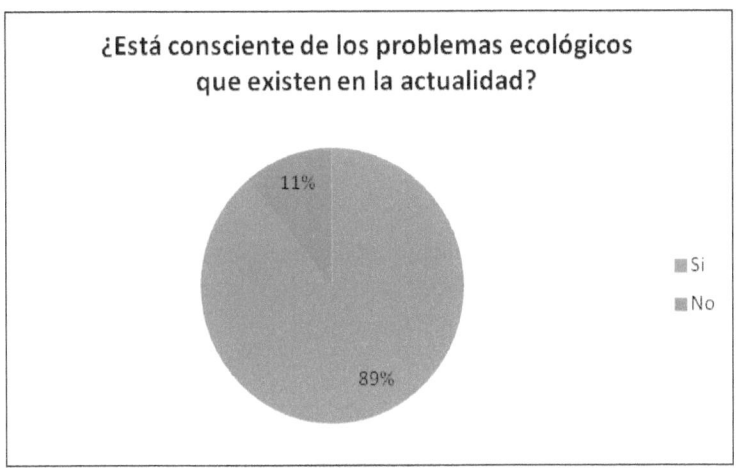

Fuente: Elaboración Propia

Se puede observar en los resultados que el 89% de los jóvenes están conscientes que existen problemas ecológicos que afectan al planeta y el 11% restante carece de tener estos conocimientos.

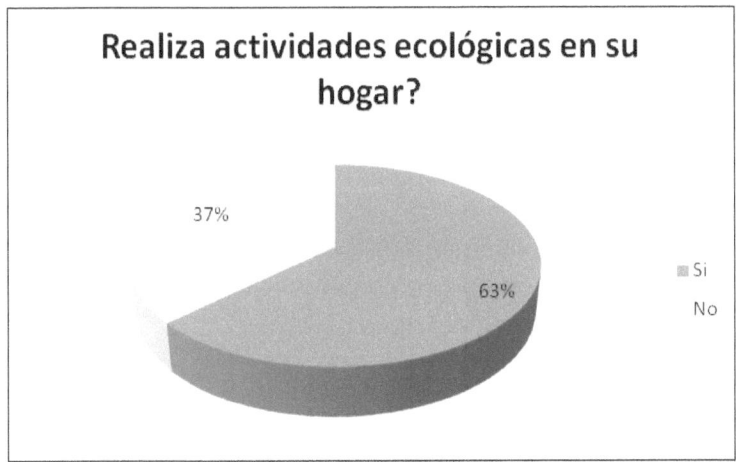

Fuente: Elaboración Propia

Como se puede ver, encontramos que 126 alumnos que equivalen al 63% realizan actividades que ayudan al cuidado ecológico, dejando al 37% restante con actividad nula en cuanto al cuidado del planeta se refiere.

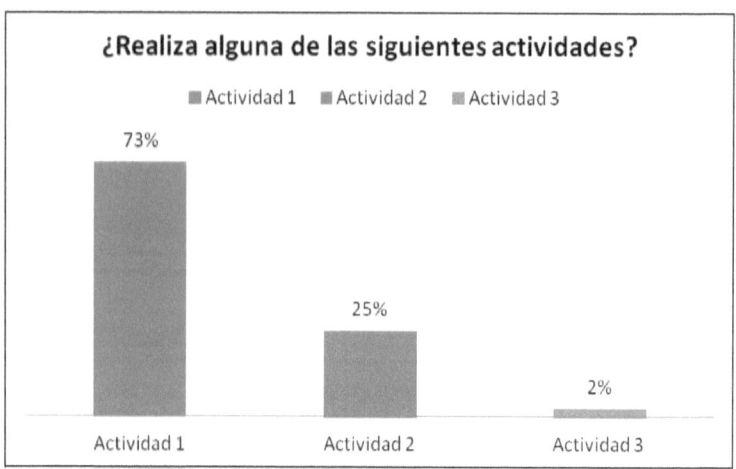

Fuente: Elaboración Propia

Los resultados arrojados nos dicen que 92 encuestados (73%) solo realizan una actividad en pro del ambiente, 31 (25%) realizan de 2 a 3 actividades, dejándonos solo a 3 (2%) individuos que realizan 4 o 5 actividades ecológicas mencionadas en la pregunta. Aclarando que nadie llego a las 5 actividades.

Las 3 actividades más seleccionadas fueron las siguientes:

1. - Separar la basura (Vidrio, papel, plástico)
2. - Uso moderado de aparatos electrónicos
3. - Cuida el uso del agua potable

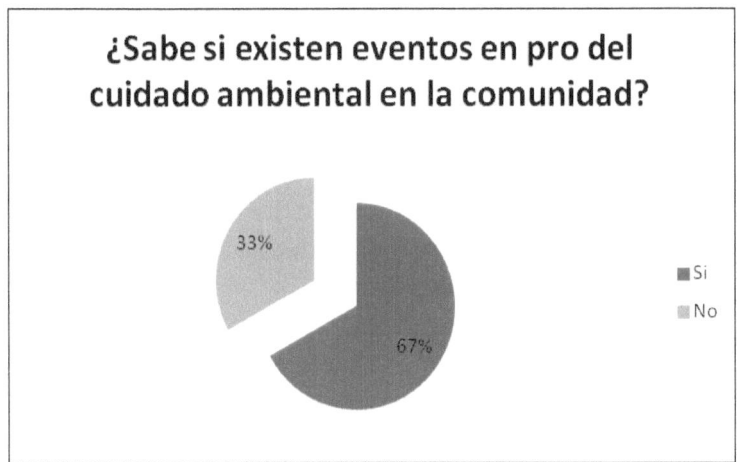

Fuente: Elaboración Propia

El 67% de los estudiantes a los que se les aplicó la encuesta contestaron que están al tanto de las actividades que se realizan fuera del campus en pro del ambientalismo. Dejando un 33% con nulo conocimiento acerca de este tipo de actividades.

Fuente: Elaboración Propia

Como se observa en la gráfica anterior, se puede apreciar que la cifra de asistencia a estos eventos es menor en comparación a la que no asiste, dándonos un 39.5% de asistencia y un 60.5% de no asistencia de jóvenes estudiantes.

Durante la investigación se obtuvo información acerca de 3 actividades que se realizan en la comunidad y se integraron en esta cuestión para medir el nivel de compromiso que se tiene ante este tipo de situaciones.

Las 3 actividades mencionadas fueron las siguientes:
1. - Recolección de basura en la playa
2. - Plantar un árbol semanalmente
3. - Limpieza de áreas recreativas de la comunidad

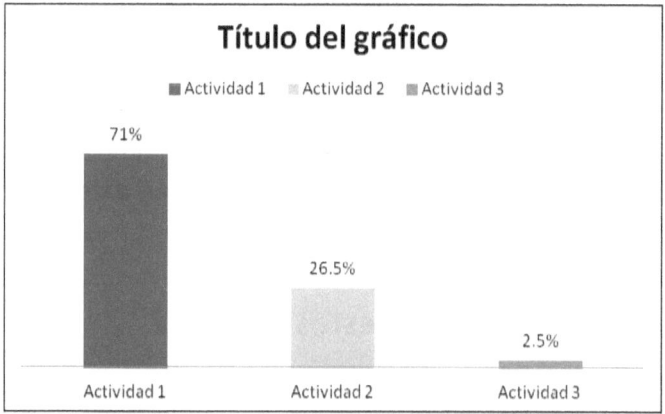

Fuente: Elaboración Propia

Con respecto a la pregunta anterior acerca de las actividades ecológicas en la región, se deseaba saber si los estudiantes habían escuchado acerca de estos eventos por medio de publicidad de los mismos.

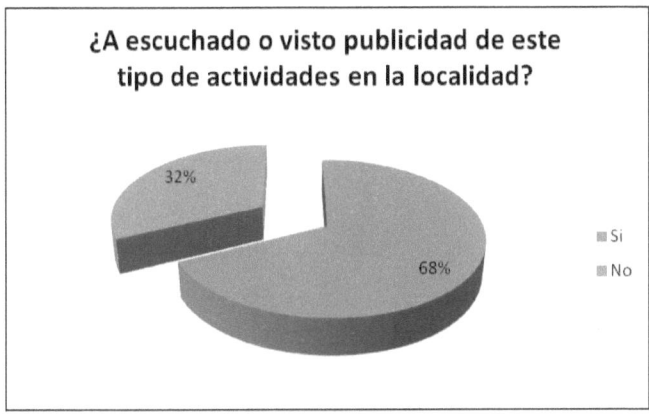

Fuente: Elaboración Propia

Como podemos apreciar, el 68% de los estudiantes no tiene conocimiento de estas actividades porque no ha escuchado publicidad acerca de ellos, y el 32% restante si ha escuchado acerca de este tipo de actividades.

*Nota: Del 68% que no ha escuchado publicidad ecológica, sabe de este tipo de actividades por otras personas, mayormente estudiantes de otras escuelas con actividades ecológicas en ellas.

Información de Publicidad (General).

El siguiente resultado que recolectamos habla acerca de la publicidad ecológica en general, de carácter empresarial, de carácter gubernamental, movimientos avocados al ecologismo, etc.

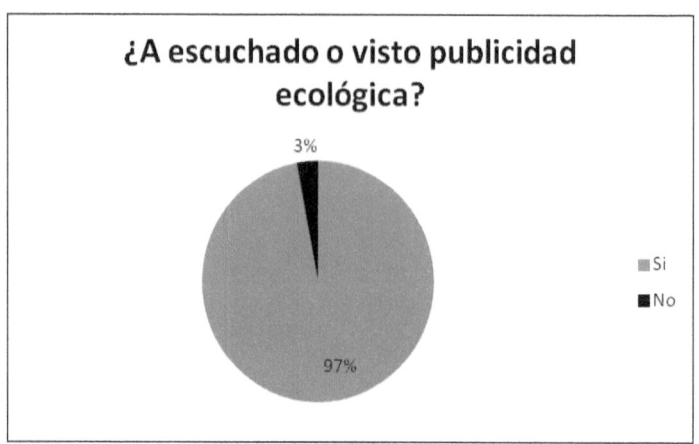

Como dice la imagen, 194 (97%) alumnos han escuchado algún tipo de publicidad ecológica, dejando solo a 6 (3%) que dicen no estar seguros de haber escuchado o visto, publicidad ecológica.

Esta cuestión nos dice en que medios de comunicación ha escuchado la publicidad ecológica antes mencionada.

Fuente: Elaboración Propia

Observando los resultados podemos verificar cuales son los medios de comunicación que más utilizan las empresas para promover sus productos, dejando a la televisión (45%) y la radio (29%) en puestos muy superiores, siguiéndoles los carteles (14%), revistas (7%), periódico (4.5%) y por ultimo espectaculares (.5%)

CONCLUSIONES.

A pesar que la Universidad Autónoma Tamaulipas se ha preocupado de hacer conciencia en los jóvenes estudiantes a través de materias denominadas institucionales como son medio ambiente y desarrollo sustentable, no es suficiente para que el joven tome importancia y conciencia de la problemática aunando que en el centro universitario sur de Tamaulipas no se maneja publicidad ecológica, esto nos ayudaría a reforzar en los jóvenes la importancia de cuidar a nuestro planeta.

Campaña Publicitaria

Objetivo Publicitario.

Esta campaña publicitaria tiene como objetivo final el incentivar, estimular o motivar a los jóvenes de la Universidad Autónoma de Tamaulipas campus Tampico-Madero en el ámbito ecológico y por consecuente, generar en ellos la idea del compromiso con el ambiente y el cuidado del planeta.

Identificación del Público Objetivo.

Nuestro público se estableció desde el principio de la investigación, dado que la campaña fue creada para llegar directamente a los alumnos de la Universidad Autónoma de Tamaulipas de la zona sur. Otro público al cual se podría dirigir no tan directamente la campaña son a los catedráticos, los niños, jóvenes y adultos que, no son alumnos de la universidad pero realizan actividades en la misma, como las actividades deportivas en el área del gimnasio, los alumnos del Centro de Excelencia y del Centro de Lenguas Extranjeras como los estudiantes de maestrías y doctorados.

Análisis del Público Objetivo.

Ya establecido el público al que dirigiremos la campaña publicitaria se deben obtener las características que tiene dicha audiencia.

Nivel Socioeconómico: los alumnos de la UAT entran en la clasificación de Media-Baja hasta Media-Alta.

- Sexo: es dirigido a mujeres y hombres por igual.
- Edad: la edad varía principalmente entre los 17 hasta los 25 años, que son las edades más acordes al nivel escolar al que entran los alumnos.
- Ocupación: no se tiene un dato exacto pero se puede establecer que la gran mayoría de los estudiantes de la universidad son desempleados, los adultos son profesores o docentes de la universidad.
- Hábitos: los hábitos que tienen los jóvenes hacia los medios de comunicación son, como se puede observar en los datos obtenidos de la encuesta realizada, es que la publicidad ecológica es más fuerte en televisión, radio y posters (carteles). Por eso nos enfocaremos en publicidad hecha para el segundo y tercer medio mencionado, que son la radio y los posters.

Para la campaña de publicidad utilizaremos los siguientes objetos:

- Botes para el reciclaje en cada facultad (se pondrán un juego de 4 en cada facultad).

- Posters de imágenes con mensaje ecológico. (se pondrán 5 posters en cada facultad lo que nos da un total de 45 posters).

Selección de medios o canales publicitarios

Como se estableció en los hábitos característicos del público objetivo, se determinó que la televisión, radio y los posters son los medios de comunicación en los que más publicidad ecológica es transmitida. La campaña se enfocará en los siguientes medios:

- Radio: La universidad cuenta con su propia emisora de radio, la cual se puede utilizar como medio de comunicación para spots acerca del cuidado del ambiente y el impulso a realizar actividades ecológicas.
- Internet: En la página principal de las diversas facultades del campus sur de la universidad podemos proponer una sección especializada en información ecológica y de las diversas actividades que se pueden realizar tanto en la universidad como fuera de ella.
- Instrumentos Publicitarios: Para este tipo de publicidad se utilizarán los posters, los cuales darán mensajes acerca de datos que brindan los estudios realizados por laboratorios en relación con el calentamiento global, el nivel de contaminación en ciudades y como esto afecta a los seres vivos que habitan el planeta. Al mismo tiempo, se pretenden implementar volantes para promover las actividades ecológicas que se realizan en la universidad y en la sociedad.

El Mensaje Publicitario.

El mensaje que desea ofrecer la campaña es acerca de las cosas o actividades que pueden hacer los jóvenes para así, aunque se consideren pequeñas, no sea lo mismo que insignificantes. Pero el principal objetivo del mensaje debe de ser el crear una conciencia ecológica en los estudiantes, y por consecuente crear una ola de cambios en las familias de los estudiantes afectados por la campaña.

REFERENCIAS

* Alfaro, Limón, Martínez, Ramos, Universidad de Nuevo León, *Ciencias del Ambiente*, 2ª. Ed, México: gpo. Editorial Patria. Disponible en Web: http://www.farq.mx/PDF/Carrera_DI/DI_ ProgAnalitico_5_Ambiente_y_Sustentabilidad.pdf
* Calomarde, J.V (2000). *Marketing Ecológico*. Ediciones Pirámide y Esic Editorial. Madrid.
* Chamorro, A (2001). *Marketing Ecológico; sí, Marketing Ecológico.* Publicado en Puertas a la Lecturas. Universidad de Extremadura. Disponible en Web:
* Fernández Nogales Ángel (2004). *Investigación y Técnicas de Mercado.* 2da. Edición. ESIC Editorial.
* Fuller, D.A. 1999 *Sustainable Marketing: Managerial-Ecological Issues*:pag:127
* Garavito Petersen,2009. Disponible en web: http://www.publicaciones.urbe.edu/index.php/cicag/ article/viewArticle/640/1631
* Harvard Business Review, *Impact Media*, 2009, Pág. 68.
* Hernández Sampieri Roberto, Fernando Collado Carlos, Baptista Lucio Pilar, *Metodología de la Investigación*. 4ª. Ed. México: McGraw Hill, (2006). Disponible en web: http://en.wikipedia.org/wiki/Green_marketing

http://www.culturamarketing.com/2008/07/
marketing-verde
http://www.metabase.net/docs/procomer/02929.html
- Kotler Philip y Amstrong Gary. *Fundamentos de Marketing*, Sexta Edición, de Prentice Hall, 2003, pag:56
- Labandeira, X.; León, C; Vázquez, *Economía Ambiental*, Pearson, M.X.2007, pag.12).
- Sandhusen L. Richard. *Mercadotecnia*, Primera Edición, Compañía Editorial Continental, 2002, Pág. 199.
- Schmelkes, Corina(1999). *Manual para la Presentación de Anteproyectos e Informes de Investigación*. Oxford University Press
- Xavier Labandeira, Carmelo J. León, Ma.Xosé Vázquez. (2007) *Economía Ambiental*. Ed. México: Pearson Prentice Hall.

Capítulo 3. Proyecto de creación de una empresa dedicada al manejo de residuos sólidos.

María Elena Martínez García
Juan Carlos Guzmán García
Federico Gamboa Soto
Julio Cesar Barrientos Cisneros

Capítulo 3. Proyecto de creación de una empresa dedicada al manejo de residuos sólidos.

1. INTRODUCCION

El desarrollo de la sociedad ya no depende de la cantidad de recursos naturales que posea si no de la calidad de estos y su aprovechamiento, el uso de estos, su aplicación, consumo y generación cambia constantemente y no es seguro contar con todos estos materiales en un largo plazo, es por eso que se debe supervisar el compromiso que se tiene con el entorno.

Los recursos naturales no se regeneran rápidamente y son fundamentales para el futuro del hombre, por tal motivo la Universidad Autónoma de Tamaulipas Campus Tampico-Madero no puede ser ajena a este tipo de problemática siendo una parte vital de una sociedad. La responsabilidad por el Medio Ambiente y el desarrollo sustentable son compromisos ineludibles, por lo que es necesario tomar medidas precautorias y accionar ideas que afecten positivamente a la sociedad y el medio que habitamos.

Es necesario realizar un estudio donde se mencione como estamos posicionados y que permita dar recomendaciones que mejoren al ambiente en un corto, mediano o largo plazo según se permita y la dimensión ambiental nos autorice.

La Universidad Autónoma de Tamaulipas a través de sus funciones se compromete a poner atención especial en los problemas ambientales, primordialmente en la generación de desechos sólidos, iniciando actividades en la parte sur del estado en el centro universitario sur Tampico- Madero se buscará que los usuarios afecten en una proporción menor al ambiente. Para esto es fundamental analizar, detectar que tipos de residuos genera en su mayor parte la sociedad universitaria y alrededores, dando a conocer las mejores estrategias para el combate de esta producción indeseable.

El propósito de este estudio es realizar un análisis de factibilidad en el centro universitario para determinar la posible creación de una empresa de reciclaje encargada de la recolección de los residuos generada en el centro de estudios, enfocándose principalmente en desechos tipo PET, con la intención de venderlos a una empresa transformadora, de esta manera buscamos que el medio ambiente y la institución se encuentren en una relación ganar- ganar y ambas se beneficien

Con la contratación del servicio las dos partes se verán beneficiadas, la empresa que contrate el servicio se verá beneficiada ya que no es solo el hecho de la contaminación si no que se implementará una cultura verde de reciclaje otorgando a todas las facultades contenedores de reciclaje ayudando con ello con la imagen de la escuela y mejorando al ambiente al igual obtener ganancias.

2. MARCO TEORICO

2.1 La RS en las instituciones educativas

Las instituciones educativas cuentan con una responsabilidad social que puede ser vivida con mucha eficiencia e incorporada a principios fuertes y una fuente de ingresos básica en la actualidad, ya que la sociedad busca llenar vacíos con actitudes que generen cambios positivos en su vida diaria.

Durante el siglo pasado dieron lugar varias platicas enfocadas en las problemáticas actuales correspondientes a la falta de atención en este rubro ambiental, a lo que en los años ochenta, Freeman (1984), presenta su teoría de los skateholders y el bien común, dicha teoría se apoya en que la empresa hace el "bien" a muchas personas, a algunas por obligación y a otras de modo más o menos involuntario, en virtud es la obligación de contribuir al bien común, que va desde el bien de la propia empresa hasta el de la comunidad loca, el país y toda la humanidad del presente así como del futuro.

Dentro del país fue un año después de esta teoría que los trabajos para incorporar en las tareas de gestión la responsabilidad social dieron fruto a reuniones un ejemplo de ello fue en Amealco, Queretaro, con la asistencia de 25 representantes de diversas instituciones, donde se llevó a cabo la instalación en México de la Red de Formación Ambiental para América Latina y el caribe, promovida por el PNUMA.

La operación de las actividades tuvo como base el establecimiento de un comité coordinador, integrado por representantes de diversas instancias de la Sedue Secretaria de educación Pública (SEP) del consejo Nacional de Ciencia y tecnología (CONACyT), donde se fungió como puntos focales en las seis regiones Metropolitana, Centro, Centro-Occidente, Norte, Noroeste y Sureste", en torno a las cuales se organizaron las IES del país. Sin embargo, debido a diferentes problemas, particularmente a la falta de definición del Punto Focal Nacional, esta Red no logró consolidarse y se suspendieron las tareas.

2.2 Impulso gubernamental

Ante el fracaso de la red, las inquietudes fueron creciendo en la sociedad con respecto a la problemática ambiental presentada, estas fueron propicias para que la Dirección General de Promoción Ambiental y Participación Comunitaria de la Secretaría de Desarrollo Urbano y Ecología (Sedue) implementara estrategias diferentes.

Las actividades que fueron más relevantes en este punto fueron los primeros dos coloquios de Ecología y educación ambiental. El primer coloquio fue llevado a cabo en la coordinación con el centro de estudios sobre la universidad de la Universidad Nacional Autónoma de México del 22 al 30 de marzo de 1987, donde surge el Seminario de Ecología y Educación Ambiental (1989-1992) donde participaron instituciones de educación superior, asociaciones ecologistas y la propia Sedue.

El segundo coloquio tuvo como objetivo principal el presentar los resultados de la investigación Incorporación de la dimensión ambiental al currículum de la educación media superior.

Dentro de este encuentro se integró un comité promotor de estas actividades con el fin de dar a conocer las metas, en dicho comité participaron las ANUIES, la Sedue, la UNAM, el IPN las universidades autónomas metropolitanas Querétaro y de Guerrero. Posteriormente, se retiraron estas dos últimas y se incorporaron la Universidad Iberoamericana, el Colegio de Posgraduados y la Dirección General de Institutos Tecnológicos de la SEP. El Comité suspendió sus actividades en 1994.

2.3 Cuantificación del mercado

Cabe destacar que la mención de los datos que se mostraran a continuación de las cantidades de residuos sólidos generados así como la población total de estos fue tomado de la tesis para obtener el grado de licenciatura en ingeniería civil denominado "Diagnostico Medioambiental en el Manejo Integral de los Residuos Sólidos Urbanos En las Instituciones de Educación Superior: Caso de Estudio Centro Universitario Tampico Madero" de la cual puede encontrarse una copia impresa en la Biblioteca de la Facultad de Ingeniería "Arturo Narro Siller" de Tampico.

El comportamiento de la generación de RSU en México para el año 1996 se encontraba en la generación total de

31 millones 959 mil toneladas anuales de desperdicio, lo que equivale a una generación de 0.971 kg/ día por cada habitante.

Las regiones que producen porcentajes importantes son la región norte, donde se encuentra localizado el estado de Tamaulipas y por consiguiente la zona metropolitana, especificando que dicha zona está integrada por los municipios colindantes Tampico, Madero y Altamira.

3. MARCO CONTEXTUAL

La Universidad Autónoma de Tamaulipas es una institución que cuenta con 7 campus y 24 unidades académicas distribuidas estratégicamente a lo largo y ancho del estado. Siendo parte de este el C.U.T.M.

El centro Universitario Tampico Madero se encuentra localizado al Noroeste de la Ciudad de Tampico cercana al límite de Cd. Madero, Tamaulipas. Contando con una superficie de 65.70 hectáreas y una elevación de 14.00 M.S.N.M, formando un polígono logra situarse como una de las mejores instituciones del estado.

La institución universitaria cuenta con 8 facultades las cuales son: facultad de enfermería de Tampico, Facultad de Música, Facultad de Ingeniería "Arturo Narro Siller", Facultad de Derechos y Ciencias jurídicas, la facultad de Comercio y Administración de Tampico, facultad de medicina, facultad de odontología.

En material administrativo y de servicio a los alumnos, la institución cuenta con el Centro de Lenguas Extranjeras (CELLAP), Centro de Excelencia, Gimnasio Multidisciplinario de Tampico, Gimnasio Olímpico, Biblioteca Central y el edificio Administrativo de la Universidad.

4. MARCO CONCEPTUAL

4.1 ANUIES

ANUIES Asociación Nacional de Universidades e Instituciones de Educación Superior y la Educación Ambiental.

La Asociación Nacional de Universidades e Instituciones de Educación Superior.

La ANUIES es una Asociación no gubernamental, de carácter plural, que agremia a las principales instituciones de educación superior del país, cuyo común denominador es su voluntad para promover su mejoramiento integral en los campos de la docencia, la investigación y la extensión de la cultura y los servicios.

La Asociación está conformada por 152 universidades e instituciones de educación superior, tanto públicas como particulares de todo el país, que atienden al 80% de la matrícula de alumnos que cursan estudios de licenciatura y de posgrado.

4.2 Medio ambiente y desarrollo sostenible

El desarrollo sostenible se puede definir como "un desarrollo que satisface las necesidades del presente sin perjudicar la capacidad de las generaciones futuras para atender las necesidades propias."

Dicha definición se ocupó por primera vez en 1987 en la comisión mundial del medio ambiente de la ONU, creada en 1983.

5. MÉTODO

El tipo de investigación que se realizó es de tipo descriptiva y transversal, porque los datos arrojados son del tipo numérico y son de acuerdo a los registros generados de basura en el centro universitario Tampico – Madero y transversales porque solo se realizara una vez. El enfoque está presente en la investigación ya que esta es de tipo cualitativo, por lo que todo se basara en la observación de diversos factores que contribuyendo actúan conjuntamente en el contexto que estudiaremos.

5.1 Población y Muestra

El centro universitario cuenta con una población total de 29 208 (Fuente propia, levantamiento de información) entre personal administrativo, docencia, alumnos, y personal externo a la institución que ocupa los diversos servicios ofertados en la institución, siendo todos de género mixto con edad fluctuante entre los 18 a 55 años.

El presente levantamiento fue aplicado al personal con el que se nos fue designado, de las 14 instituciones ya identificadas y seleccionadas de cada área administrativa.

Cabe señalar que este tipo de recolección de información se realizó a través de un sondeo entre el personal encargado de las secretarías administrativas y de los departamentos de mantenimiento que son los encargados de recolectar los residuos sólidos generados en la institución.

Se les aplicara una herramienta muy práctica a los encargados de recolección de los desechos en la basura, haciendo énfasis en que el presente instrumento se aplicara con el fin de conocer la población estudiantil y el peso de la basura que se generó por día en el campus, tomando en cuenta características como los tiempos de permanencia y funciones dentro del centro.

5.2 Resultados

Con el número de población obtenida y en base a los datos estadísticos, se realizó el cálculo por persona de residuos generados diariamente, siendo el promedio 0.4374 gr, resultando derecho la facultad con el más alto índice de generación de basura con 1.0803 gr. Y el mínimo se encontró dentro del edificio administrativo del C.U.T.M con 0.04054 gr al día por persona.

Se encontró que los plásticos son los residuos sólidos que dominan en la institución y los metales, vidrios son los de más baja producción en el campus.

Al día se genera 6.12376 Ton de basura en la instalación contando tiempo de permanencia y funciones de cumplimiento.

5. DESCRIPCIÓN DEL PRODUCTO O SERVICIO

El desarrollo de los países, tal como se ha venido concibiendo, implica acciones como la responsabilidad social y la cultura del cuidado del ambiente, ya que la sociedad ha provocado un desequilibrio natural por la sobreexplotación de recursos y la abundante producción de residuos sólidos.

Los efectos han llegado a ser de tal magnitud que encontramos evidencia clara donde vemos hasta donde han llegado las alteraciones al ecosistema planetario y a la socio diversidad.

Es por eso que la empresa de reciclaje UAT – CUS cuenta con un servicio en el que se encargara de recolectar el pet (alimenticio) generado por la población institucional como son los estudiantes, maestros, personal administrativo y de confianza.

Ya recolectado se venderá a empresas transportadoras del pet.

Analizando la oportunidad de negocio, se observó que el centro universitario no cuenta con el proceso adecuado de recolección de basura, así como un adecuado reciclaje del pet.

La ventaja competitiva de este negocio como ya lo habíamos mencionado es que no se han implementado en esta institución y la generación de basura diaria con la que cuenta es mucha y se produce en toneladas.

Una vez identificado el mercado, el tipo de servicio que se ofrecerá es fundamental ya que se tiene que revisar la posible demanda que presentara la empresa de recolección de pet alimenticio, esto determinara de que manera entrevistaron a los negocios encargados de la transformación de pet.

En México únicamente existen dos empresas que reciclan pet a grado envase alimenticio que son industrias mexicanas de reciclado (coca –cola) y pet.

El pet alimenticio es el único que se paga a precio pet virgen, donde se obtendrían altas ganancias por su venta.

Después de analizar todos los resultados y calcular los valores de inversión inicial así como utilidades, se demostró que el negocio recuperaría dicha inversión y se generarían ganancias desde los primeros 5 años.

7. CONCLUSIONES Y RECOMENDACIONES

Con los resultados obtenidos se demostró que en C.U.T.M produce un total de residuos sólidos de 6.12376 Ton diarias, en la cual el punto de mayor producción fue la facultad de derecho y ciencias sociales, esto siendo en proporción a la cantidad de alumnos con la que cuenta la institución, además se encontró que el campus no cuenta con un reglamento ambiental que rija el manejo de los RS, por su parte el personal encargado de recolección el personal no tiene ningún indicio de mejor en su trabajo para cambiar la actividad debido a que no hay estímulos que los motiven a realizar un trabajo más elaborado.

Se espera que en los años próximos se agudice este problema si no se cuenta con este reglamento ambiental. Es importante señalar que el personal puede formar parte de este proceso ayudando al desecho de basura en forma correcta, como lo son la selección de basura y en donde tirar ciertos materiales.

RECOMENDACIONES

Se puede establecer un reglamento ambiental interno que promueva el uso de los botes clasificadores de basura, para así facilitar la recolección de basura y ser más eficientes.

Promover entre los estudiantes y personal administrativo la cultura ambiental e invitarlos a participar en el buen uso de los botes clasificadores.

Incrementar la comunicación entre el personal administrativo y el personal de recolección de la basura, de esta manera se evitaran problemas acerca de falta de cooperación de unos u otros participantes.

Realizar un plan de capacitación en el cual los contribuyentes puedan obtener un beneficio personal, a través del trabajo en equipo y una adecuada logística.

REFERENCIAS

Sapag Chain Nassir, Sapag Chain Reinaldo. (2000). Preparación y Evaluación de Proyectos. 4a Edición.: Mc Graw Hill. México.

Randall Geoffrey. (2003) Principios de Marketing. Segunda Edición. Thomson Editores Spain.

Stanton Willian J., Etzel Michael J., Walker Bruce J. (1999) Fundamentos de Marketing. 11 a Edición. Mc Graw

El Seminario de Ecología y Educación Ambiental (1989-1992) La organización del 1er y 2o. Coloquio de Ecología y Educación Ambiental a cabo por la coordinación con el Centro de Estudios UNAM, 1987, México.

La Comisión Mundial del Medio Ambiente de la ONU, Conferencia de las Naciones Unidas sobre el Medio Ambiente y el Desarrollo (1992) Río de Janeiro, Brasil.

La Teoría de los stakeholders y el bien común (1998) Antonio Argandoña, Documento de Investigación N° 355, Universidad de Navarra, España.

Población de Tamaulipas, Encuesta intercensal (2015) Pág.   Web   http://cuentame.inegi.org.mx/monografias/informacion/Tam/Poblacion/default.aspx?tema=ME&e=28

ANUIES, La Asociación Nacional de Universidades e Instituciones de Educación superior http://www.anuies.mx/anuies/acerca-de-la-anuies

Capítulo 4. Impacto de la Mercadotecnia Ambiental en los consumidores de Tampico, Tamaulipas.

Dr. Juan Antonio Olguín Murrieta
Nora Hilda González Duran
Blanca Leticia Díaz Mariño
Ma. Del Carmen Echeverría González

CAPITULO 4. Impacto de la Mercadotecnia Ambiental y los consumidores de Tampico, Tamaulipas.

1. INTRODUCCIÓN.

Antecedentes.-

En la actualidad, la situación ambiental del planeta es uno de los principales problemas al que se enfrenta la humanidad, ya que con el paso del tiempo continúa creciendo y haciéndose cada vez más compleja dicha problemática. Largas sequías, poderosos huracanes, inundaciones, grandes sismos, etc. en ciertos países, en fin una serie de fenómenos meteorológicos que rompen todos los patrones hasta ahora existentes, son algunos de los problemas que se están presentando en nuestro planeta. El debate ambiental ha evolucionado desde los años setenta, cuando se organizó el primer "Día de la Tierra".

El Marketing verde o ambiental es la consecuencia de integrar el factor medioambiental en las funciones de marketing, es decir, que el Marketing asegure al consumidor de que el producto que, por su naturaleza, presentación, coste e impacto medioambiental, responda mejor a sus necesidades. El marketing verde surge del marketing social, situándolo como mediador entre los intereses individuales y el interés público. (P. Kotler, 1998).

Do Paco, A. (2005), en la Universidad de Beira (Portugal) desarrolló una investigación titulada, *"Una aplicación de la segmentación de mercados a los consumidores portugueses"*, esta investigación tuvo como objetivo fundamental el marketing verde. Menciona que, durante las últimas décadas, los consumidores han ido percibiendo por si mismos la degradación del planeta, preocupándose por las cuestiones medioambientales y adquiriendo productos "amigables para el medio ambiente".

De modo que la preocupación ambiental y el aumento de la demanda de productos "verdes" han sido factores impulsores que han llevado a la revitalización del concepto de marketing verde, cuyo propósito es lograr un equilibrio entre los objetivos de ventas/ beneficios y la inquietud de la sociedad por el medio ambiente.

Planteamiento del problema.

En México, el proceso de adquirir una cultura ecológica en cuanto a los productos ecológicos y su beneficio en pro del ambiente ha sido lento, ya que son pocos los productos ecológicos en el mercado y no se conoce con exactitud el impacto que genera el marketing verde en tiendas de autoservicio así como qué tiendas apuntan hacia el marketing verde.(Labandeira, León, y Vázquez; 2007).

Acerca del Marketing Verde, Ottman Jacquelyn (Green Marketing, NTC Business Booksd, Lincolnwood, 1994) señala que está constituido por un conjunto de acciones encaminadas al posicionamiento de una marca o producto, por medio de un manifiesto cuidado del medio ambiente. La meta es aumentar las ventas, pero también mejorar la imagen de la empresa y por consecuencia el ambiente.

El estudio realizado, es una investigación que busca identificar el nivel de aplicación del marketing ambiental en las tiendas de autoservicio de Tampico. Por medio de esta investigación se busca determinar cuáles son los productos ecológicos con más demanda y las razones de su demanda, así como conocer las estrategias de mercado más empleadas por las empresas de autoservicio.

Es importante también mencionar, según un informe de Terra Choice, 2007, "sólo el 2% del número de los auto-proclamados productos verdes o ecológicos en las tiendas cumplen plenamente con lo que anuncian en sus etiquetas. Para abordar el problema se plantean las siguientes preguntas:

> ¿Cuáles son las empresas de autoservicio que usan el Marketing Verde?
> ¿Cuáles son los productos ecológicos más vendidos?
> ¿Cuáles son las prácticas de marketing verde que utilizan las empresas de autoservicio en la zona sur del estado de Tamaulipas?

Objetivos de la Investigación.

Objetivo General.

Determinar el nivel de utilización del Marketing Verde o ambiental en empresas de autoservicio ubicadas en el Sur de Tamaulipas.

Objetivos específicos.

1. - Evaluar el uso del marketing verde en las empresas de autoservicio de Tampico a través de la aplicación de encuestas.
2. - Analizar si los productos ecológicos traen beneficios económicos a las empresas de autoservicio hoy en día.
3. - Conocer los resultados del uso del marketing verde como estrategia de publicidad en las tiendas de autoservicio, como empresa socialmente responsable.

Justificación.-

La preocupación por el deterioro del medio ambiente no es sólo una compleja tendencia social, es también un fenómeno de marketing. Está dando lugar a la aparición de un nuevo segmento de consumidores: los consumidores verdes. (Universidad Autónoma de Nuevo León, Ciencias del Ambiente, 2008:38).

Las ventas de productos y servicios "verdes" aumentan en todo el mundo, especialmente por la concienciación de los consumidores y por las subvenciones de los gobiernos. Pero comercializarlos aún es un gran reto, ya que no existe una demanda generalizada y bien establecida, la actitud de los consumidores aún está evolucionando.

Ante este mercado heterogéneo, para que el Marketing Ambiental sea exitoso en todos los mercados, se debe de llegar al Mercado meta de una forma eficaz y diferenciarse claramente con productos que satisfagan en su totalidad las necesidades de los posibles compradores. Este es un nicho que aumenta cada día, de personas que son comprometidas y dispuestas a pagar un precio extra por obtener los beneficios que buscan. (Garavito Petersen, 2009).

Diferenciarse a través de ser ecológicamente amigable haciendo Marketing Verde, no es solamente comunicar ser amigo del medio ambiente, sino que actuar y desarrollar productos que lo sean y que cumplan con las promesas de la marca. (Garavito Petersen: 2009).

Este estudio será de gran importancia para promover el crecimiento de una cultura ecológica, que tanto empresarios como consumidores, deben asumir y contribuir con el cuidado del medio ambiente.

Delimitación.-

La investigación se desarrollará en las tiendas de autoservicio de la zona sur del estado de Tamaulipas, durante el período de tiempo comprendido de Octubre de 2012 a mayo de 2013.

MARCO TEÓRICO.-

La introducción de la Ecología como componente básico de la filosofía y gestión de la empresa, puede dar lugar al marketing ecológico, siempre que para la elaboración y comercialización de sus productos se tenga en cuenta que las necesidades a satisfacer de los consumidores deben de estar en consonancia con los intereses presentes y futuros de la sociedad subordinados al respeto del entorno natural.

Se puede definir el marketing ecológico como "un modo de concebir y ejecutar la relación de intercambio, con la finalidad de que sea satisfactoria para las partes que en ella intervienen, la sociedad y el entorno natural, mediante el desarrollo, valoración, distribución y promoción por una de las partes de los bienes, servicios o ideas que la otra parte necesita, de forma que, ayudando a la conservación y mejora del medio ambiente, contribuyan al desarrollo sostenible de la economía y la sociedad." (Calomarde, 2000).

Fuller (1999) amplió esta definición: "Consiste en el proceso de planear, implementar y controlar el desarrollo del precio, la promoción y la distribución de productos de manera que satisfaga las necesidades del consumidor y los objetivos de la organización y al mismo tiempo el proceso sea compatible con el medio ambiente". Otros términos que se han utilizado para referirse al mismo concepto son: Mercadotecnia Verde (Ottman, 1993; Peattie, 1992), Mercadotecnia Ambiental (Coddington, 1993) y Mercadotecnia Ecológica (Henion, 1976).

MARKETING VERDE.-

El Marketing Verde crea productos que se encaminan a salvaguardar el medio ambiente, modificando su diseño, los procesos de producción, empaques biodegradables, incluso re-direccionando la distribución y publicidad, esto se centra básicamente en los productos tangibles, sin embargo en el marketing de servicios también es utilizado.

El Marketing Ecológico surge a raíz de una necesidad: las empresas se ven obligadas a adaptarse a las demandas ecológicas de sus mercados y de los organismos que regulan sus actividades contaminantes. El marketing ecológico se constituye como una filosofía surgida en la década de 1970, principalmente en Estados Unidos, con trabajos de distintos autores como Fisk (1974), Kassarjian (1971), Henion y Kinnear (1976), entre otros.

Desde una perspectiva empresarial, el marketing ecológico es el marketing que aplican aquellas empresas que adoptan un enfoque de marketing social para comercializar productos ecológicos, es decir, aquellas empresas que buscan satisfacer las necesidades sociales junto a las necesidades presentes de los consumidores. En este sentido, se puede definir como:

El proceso de planificación, implantación y control de una política de producto, precio, promoción y distribución que permita conseguir los tres siguientes criterios: (1) Que las necesidades de los clientes sean satisfechas, (2) que los objetivos de la organización sean conseguidos y (3) que el proceso genere el mínimo impacto negativo en el ecosistema. (Chamorro, A., Marketing ecológico; 2001, p.73).

Los objetivos perseguidos por este concepto de marketing ecológico (Chamorro, A (2001):"El Marketing Ecológico")), pueden ser:

- Informar/ educar sobre temas de carácter medioambiental. Las campañas realizadas tras la aprobación de la Ley de Envases y Residuos de Envases con el objetivo de informar sobre la utilización de los contenedores de recogida selectiva de residuos sólidos urbanos son un ejemplo de este tipo de marketing.

- Estimular acciones beneficiosas para el medio ambiente. Por ejemplo, las diferentes campañas para que el ciudadano ahorre agua y energía pretenden incentivar un comportamiento medioambiental más adecuado.
- Cambiar comportamientos nocivos para el entorno natural. Las campañas contra el fuego que se desarrollan todos los veranos tratan de evitar que el ciudadano realice actividades que puedan ocasionar accidentalmente un incendio.
- Cambiar los valores de la sociedad. Dentro de este objetivo se pueden encuadrar las campañas de recomendación de respetar el ciclo de vida de los peces y las campañas generales para la protección de los bosques.

El concepto de Marketing Ecológico desde una perspectiva empresarial.

Desde una perspectiva empresarial, el marketing ecológico es el marketing que aplican aquellas empresas que adoptan un enfoque de marketing social para comercializar productos ecológicos, es decir, aquellas empresas que buscan satisfacer las necesidades sociales junto a las necesidades presentes de los consumidores. En este sentido, se puede definir como:

El proceso de planificación, implantación y control de una política de producto, precio, promoción y distribución que permita conseguir los tres siguientes criterios: (1) Que las necesidades de los clientes sean satisfechas, (2) que los objetivos de la organización sean conseguidos y (3) que el proceso genere el mínimo impacto negativo en el ecosistema.

(Chamorro, A., Marketing ecológico; sí, marketing ecológico, 2001, p.73).

Bajo la perspectiva ecológica, el marketing debe contribuir al desarrollo sostenible, de forma que diseñe ofertas comerciales que permitan satisfacer las necesidades presentes de los consumidores sin comprometer la capacidad de satisfacer las necesidades futuras de esta y de las próximas generaciones. Para ello, el marketing ecológico debe asumir como misión tres funciones: redirigir la elección de los consumidores, reorientar el marketing mix de la empresa y reorganizar el comportamiento de la empresa. (Hopfenbeck, W). *Dirección y marketing ecológicos: conceptos, instrumentos y ejemplos prácticos*, 1992, p.142).

La política de producto.

Hopfenbeck (1995) define un producto verde, como "producto que cumpliendo las mismas funciones que los productos equivalentes, su daño al medio ambiente es inferior durante la totalidad de su ciclo de vida" (p. 21). Es decir, que la suma de los impactos generados durante la fase de extracción de la materia prima, de producción, de distribución, de uso/consumo y de eliminación es de menor cuantía que en el caso del resto de productos que satisfacen la misma necesidad.

Por lo tanto, la creación de un producto verde implica también el proceso de fabricación, puesto que no podrá existir un producto ecológico si se ignora el comportamiento ambiental de los medios de producción e incluso, el resto de las áreas de la compañía. Los productos verdes son aquellos que le hacen bien o al menos el menor daño posible al medio ambiente, ya sea en relación con su producción, uso y degradación.

Según el estudio realizado por Scott Bearse y Peter Capozucca "Finding the green in today's shoppers"

[Encontrando lo verde en los consumidores de hoy] (p. 26) la mayoría de los productos ecológicos tienen una o más de los siguientes atributos a la salud del medio ambiente.

- Promueven la calidad del aire limpio (normalmente a través de la reducción de emisiones).
- Son durables y tienen bajos requerimientos de mantenimiento.
- Son reciclables y reutilizables.
- Hacen uso de los recursos favorables naturales, renovables o el medio ambiente.
- No contienen ninguna sustancia destructora del ozono.
- No contienen compuestos altamente tóxicos, y su producción no se traduce en altamente tóxicos por productos derivados o residuos nocivos para la sociedad y el medio ambiente, son biodegradables.

La concepción de un producto ecológico, por tanto, no implica únicamente la consideración del producto en sí mismo, sino, también, de su proceso de fabricación. No puede existir un producto ecológico si se ignora el comportamiento medioambiental de los medios de producción e, incluso, del resto de áreas funcionales de la compañía. Por esta razón podemos clasificar los atributos ecológicos del producto en dos tipos (Calomarde, J.V., 2000):

1. - Atributos específicos del producto, tales como su duración, su facilidad para Reciclarse/reutilizarse o el tipo y cantidad de materiales usados en el producto y su envase.
2. - Atributos específicos del proceso y del fabricante, tales como el consumo de energía y agua o la generación de residuos.

Reorganizar el comportamiento de la empresa.

El marketing ecológico no es solamente un conjunto de técnicas destinadas a diseñar y comercializar productos menos perjudiciales para el entorno natural; es, también, una forma de entender las relaciones de intercambio, basada en buscar la satisfacción de las 3 partes que intervienen en ella: el consumidor, la empresa y el medio ambiente (Calomarde, J.V., 2000).

Como sucede con la implantación de una filosofía marketing, aplicar la filosofía que hay detrás del marketing ecológico no se puede limitar a implantar un departamento de marketing que aplique las técnicas del marketing ecológico. Adoptar la filosofía de marketing ecológico exige que el respeto por el medio ambiente impregne todo el comportamiento de la organización, no solamente los aspectos comerciales.

Un producto no debería ser comercializado como ecológico centrándose únicamente en el producto en sí, mientras ignora las implicaciones ecológicas de la fabricación y de la compañía en su conjunto. En este supuesto, la empresa se encontrará sometida al continuo riesgo de recibir críticas por parte de los distintos grupos de presión y a la pérdida de confianza del consumidor.

Este fue el error que cometió, por ejemplo, Proter&Gamble cuando desarrolló Ariel Ultra, un detergente concentrado que eliminaba de su fórmula los fosfatos. El detergente en si suponía una gran mejora medioambiental pero recibió innumerables críticas de ecologistas porque durante la fase de I+D se había experimentado con animales ((Calomarde, J.V., 2000).

Método de Investigación.-

Esta investigación es de tipo descriptivo transversal, debido a que los datos necesarios para realizar el análisis del uso del marketing verde, se obtuvieron por medio de encuestas, además de la observación de los sujetos estudiados durante un periodo de tiempo, razón, por la que no se planteó una hipótesis para esta investigación. De acuerdo con el tipo de investigación, el enfoque del estudio es cualitativo. La característica fundamental de la investigación cualitativa es ver los acontecimientos, acciones, normas, valores, etc., desde la perspectiva de la gente que está siendo estudiada. Sustentada en las tendencias subjetivistas, las que pretenden una comprensión del fenómeno social, concediendo a lo subjetivo la principal fuente de los datos; antes que generar leyes universales, buscan la descripción y comprensión de escenario particulares (Carnero, O., 2000).

En esta investigación se busca conocer el nivel de uso del Marketing verde mediante la observación y encuestas realizadas a las tiendas departamentales, para obtener la información necesaria y determinar el nivel de uso del Marketing verde.

La población que se consideró en este trabajo de investigación son las grandes empresas de autoservicio ubicadas en Tampico, las cuales son: Walmart, Soriana, H-E-B Chedraui y Arteli. Esta investigación es de tipo no experimental ya que no se manipulan las variables a medir. Se pretende conocer el uso del marketing verde, así como el impacto que tiene el mismo marketing en las empresas de autoservicio.

Muestra.-

La muestra es no probabilística y de conveniencia, las encuestas se aplicaron tanto a los gerentes de cada negocio, como a un total de 203 clientes encuestados aleatoriamente en dichos negocios con lo cual se cumplió con el objetivo de la investigación. Los cuestionarios deben cubrir tres objetivos, primero debe traducir la información necesaria en un conjunto de preguntas específicas que los encuestados puedan responder, después debe animar, motivar y alentar al encuestado a comprometerse con la entrevista y por ultimo debe minimizar el error de respuesta (Malhotra, 2004).

En esta investigación se utilizaron dos diferentes cuestionarios, por un lado se utilizó un instrumento diseñado para los gerentes de los diversos departamentos de las tiendas departamentales mencionadas y otro utilizado para encuestar a los clientes de dichas empresas, a través de los cuales se midió el uso del marketing verde, así como la preferencia de ciertos productos ecológicos ante el consumidor.

Análisis de Resultados.-

La investigación se realizó a través de la aplicación de dos tipos de encuestas, una de ella a los ejecutivos de las Tiendas de Autoservicio de la zona, siendo únicamente un total de 20 encuestas, los resultados de éstas son los siguientes:

GRAFICA No.1.- ¿Conoce el marketing verde?

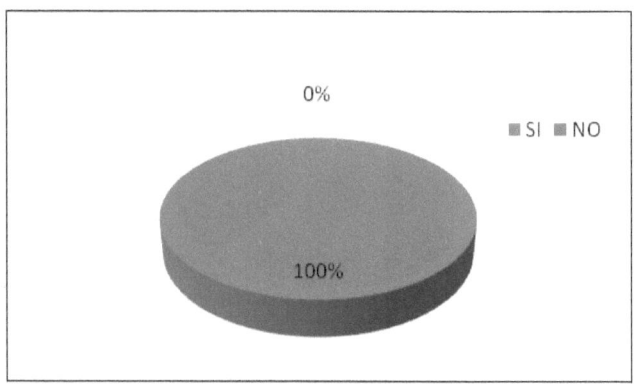

Fuente: Elaboración propia.

Si de conocer el marketing verde se trata, el 100% de los entrevistados lo conoce.

GRAFICA No.2.- ¿Considera que en su empresa se usa el marketing verde?

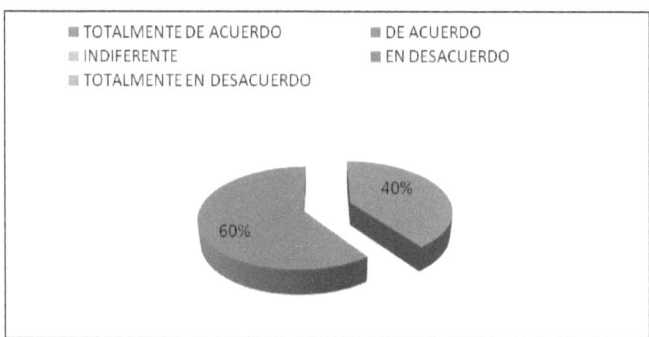

Fuente: Elaboración propia.

El 60% de los entrevistados indica que en su empresa se utiliza el marketing verde, mientras el 40 % restante parece no estar totalmente convencido de su uso.

GRAFICA No.3.- ¿Considera que el marketing verde ha beneficiado a su empresa?

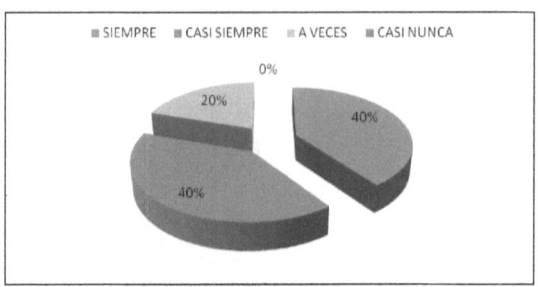

Fuente: Elaboración Propia.

El 40% de los gerentes encuestados menciona que el marketing verde si ha beneficiado a su empresa, otro 40% indica que casi siempre la ha beneficiado, mientras el 20% restante dice que a veces funciona; aunque se aprecia que si hay beneficio existe un porcentaje que no la ha visto reflejado en sus empresas.

GRAFICA No.4.- ¿En esta empresa se comercializan productos ecológicos?

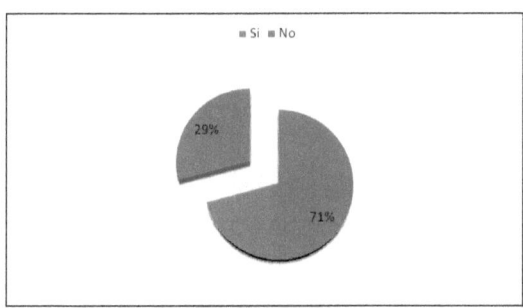

Fuente: Elaboración propia.

En función de la muestra consultada se determinó que en el 71% de las empresas encuestadas se comercializan productos ecológicos, mientras que un 29% aún no lo hace.

GRAFICA No.5.- ¿Considera usted que el precio de los productos ecológicos es?

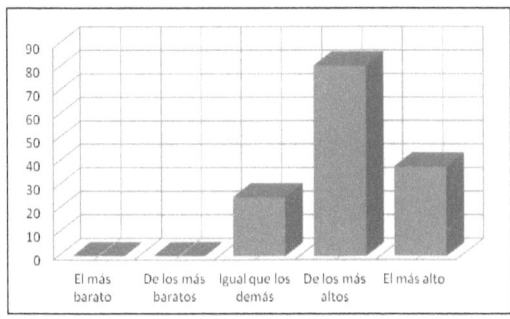

Fuente: Elaboración propia.

Podemos apreciar que el costo de los productos ecológicos es de los más elevados que la empresa ofrece, lo que nos indica que cuidar el medio ambiente no es barato.

GRAFICA No.6.- ¿La calidad de los productos ecológicos la considera?

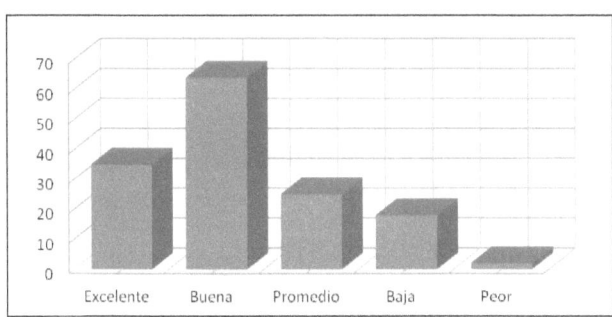

Fuente: Elaboración propia.

Las respuestas se distribuyen en 5 opciones: el 45% expresó que la calidad de los productos ecológicos es buena, mientras que el 24% opinó que es excelente, un 17% piensa que tienen calidad promedio, el 13% percibe que la calidad es baja, mientras que solo el 1% piensa que la peor.

GRAFICA No.7.- Qué producto ecológico considera usted que es uno de los más vendidos?

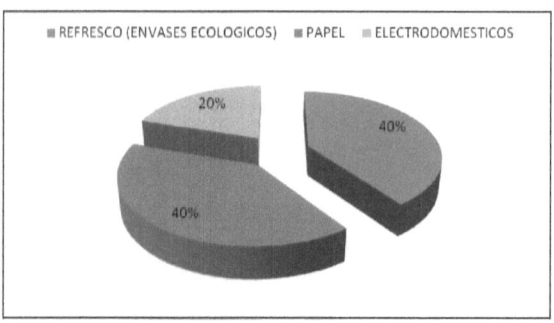

Fuente: Elaboración propia.

Se puede observar que las encuestas mencionan que los productos que utilizan el reciclaje del papel y los envases de Pet, son de los más vendidos. El 20% considero a los electrodomésticos que contribuyen a conservar el medio ambiente.

GRAFICA No.8.- Cuál es el criterio que considera más importante al momento de la compra de los productos ecológicos para los clientes?

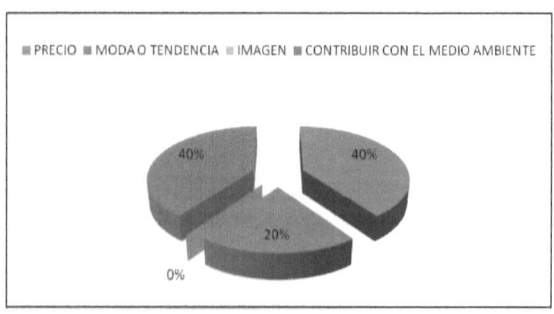

Fuente: Elaboración propia.

Al indagar sobre cuál es el criterio que se considera más importante para decidir la adquisición de productos ecológicos, obtuvimos lo siguiente: El 40% considera el precio como factor principal para adquirir un producto ecológico, otro 40% indica que lo hacen para contribuir a conservar el medio ambiente y el 20% lo hace por moda o tendencia que se maneja en la actualidad.

GRAFICA No. 9.- ¿Qué tipos de estrategia utilizan para promover los productos ecológicos?

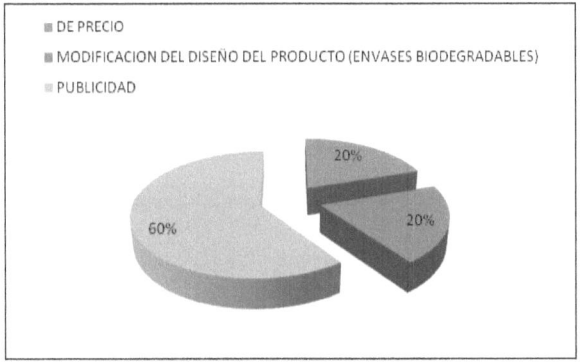

Fuente: Elaboración Propia

En esta gráfica podemos observar que la mayoría de las empresas utilizan a la publicidad como estrategia de publicidad para promover los productos ecológicos siendo el 60%, el 20% considera que el precio se utiliza para promover dichos productos, y el 20% restante que el cambio de imagen de los productos ayuda a promoverlos.

GRAFICA No. 10.- ¿Considera que usar el marketing verde como estrategia de publicidad le trae beneficios a su empresa y al medio ambiente?

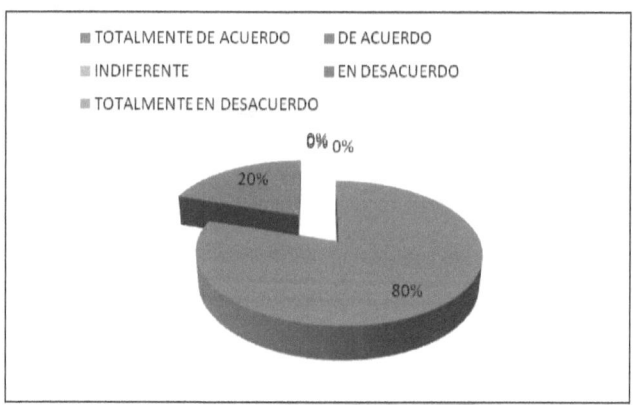

El 80% de los encuestados está en total acuerdo que al usar el marketing verde en las empresas les trae diversos beneficios, mientras el 20% manifiesta estar solo de acuerdo ya que de acuerdo a la gráfica anterior, considera que el precio es una gran limitante en la actualidad para que los clientes adquieran productos ecológicos; además de otros factores como la cultura que se maneja en la población hoy en día.

Para complementar la investigación también se realizó una pequeña encuesta con los clientes de esas tiendas de autoservicio, y de esta forma medir el impacto que el Marketing Verde y los Productos Ecológicos tienen en ellos, los resultados son interesantes y se muestran a continuación:

Gráfica No. 11.- Cuando usted compra productos de consumo, que busca en ellos?

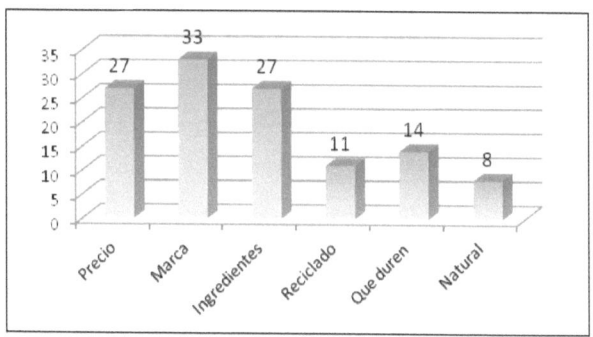

Fuente: Elaboración propia.

De acuerdo a los resultados, los clientes cuando adquieren productos de consumo, se inclinan en primer instancia por la marca de éste y después por los ingredientes y el precio, dejando en la penúltima posición el aspecto ecológico (reciclado).

Gráfica No. 12.- Ha notado Usted algún cambio en el clima de su Ciudad?

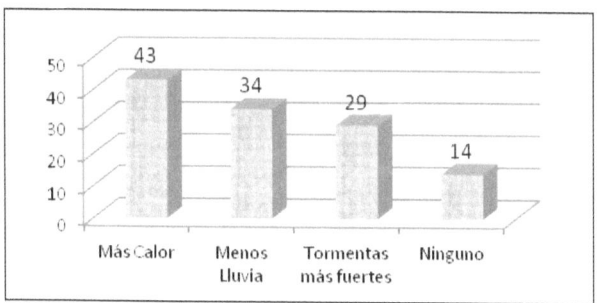

Fuente: Elaboración propia.

Los clientes mencionan en su mayoría, que se ha incrementado la temperatura del medio ambiente (más calor) y ha disminuído la frecuencia de las lluvias, sin embargo, *cuando se presentan son torrenciales; así como también los huracanes son cada vez más poderosoa.*

Gráfica No. 13.- Cuál cree usted que sea la causa del cambio en el clima?

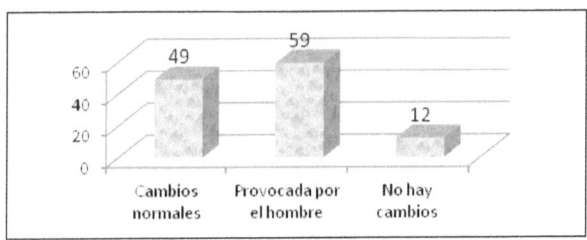

Fuente: Elaboración propia.

En función a las respuestas de los clientes, los cambios hasta ahora presentados en el clima de la zona sur de Tamaulipas, son originados por el ser humano y las acciones que llevan a cabo. Aunque un número considerable de clientes considera que dichas variaciones climáticas son hasta cierto punto normales.

Gráfica No. 14.- Compra o ha comprado algún producto ecológico?

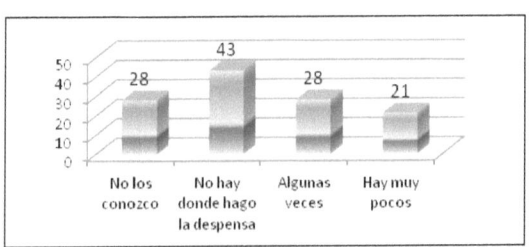

Fuente: Elaboración propia

Según se aprecia en la gráfica, más del 50% de los encuestados mencionan no conocer o no encontrar productos ecológicos, con lo que hay un área de oportunidad para el marketing ecológico.

Gráfica No. 15.- Cuales cree que sean los beneficios que aportan los productos ecológicos?

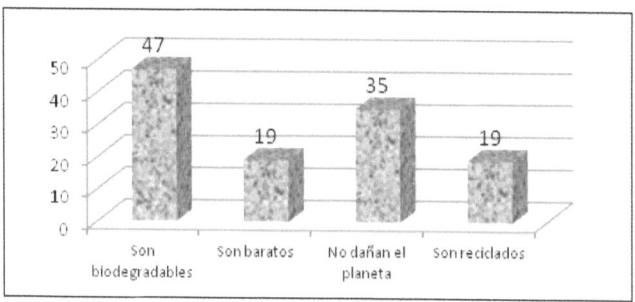

Fuente Elaboración propia.

Al analizar los resultados de esta gráfica, podemos ver que los consumidores están conscientes del beneficio que aportan al medio ambiente, sin embargo el costo al parecer sigue siendo una limitante.

Gráfica No. 16.- Porqué No compra usted productos ecológicos?

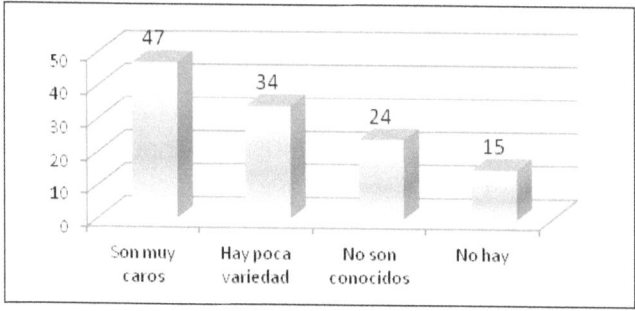

Fuente: Elaboración propia.

De acuerdo con la gráfica, los productos ecológicos son muy caros, hay muy poca variedad de ellos y no son conocidos por el consumidor. Esto nos lleva a inferir que la mercadotecnia de productos ecológicos no está teniendo impacto en los consumidores y que además, se refuerza la hipótesis de que estos productos son caros.

Conclusiones y Recomendaciones.-

Después de analizar los resultados de las encuestas aplicadas tanto a los gerentes departamentales de las diferentes empresas de autoservicio localizadas en el sur de Tamaulipas, así como también a una muestra de 120 clientes de esas tiendas, tenemos las siguientes conclusiones:

1°.- Acuerdo con lo recabado en las preguntas 1,2 y 3; los gerentes de las tiendas departamentales conocen (100%), utilizan (40%) y les deja beneficios (40%) el uso del Marketing Verde. De las siguientes preguntas 4,5,6 y 7; indican que si comercializan productos ecológicos, los productos los consideran de buena calidad, sin embargo los precios opinan que son un poco elevados.

En cuanto a la preferencia de por los productos ecológicos, mencionan que los consumidores optan por aquellos que vienen en envases ecológicos (40%) los que son a base de papel reciclado (40%) y los electrodomésticos (20%). En las preguntas 8,9 y 10; los responsables de las tiendas de autoservicio consideran que los clientes prefieren los productos ecológicos en base a los criterios de precio (40%) porqué son de moda (40%), siendo la estrategia más usada para dar a conocer los productos la publicidad (60%). Finalmente, opinan que el Marketing Verde si les trae beneficios (60%).

2°.- Las preguntas 11 a la 16 se aplicaron a una muestra de clientes de las mismas organizaciones, con el objeto de confrontar la información, de las preguntas 11 a la 13, se les cuestionó sobre los beneficios que buscan de manera general en los productos y sobre si han percibido algún cambio en el clima de la región, con el objeto de irlos relacionando con el tema, las respuestas recabadas indican que buscan artículos por precio y marca más que por otros beneficios, y señalan que perciben más calor en la zona, miso que adjudican a las actividades del ser humano. En las preguntas restantes, se les cuestiona sobre el consumo de productos ecológicos, mencionando entre otras cosas el desconocimiento o poca variedad de los productos ecológicos (pregunta 14) y que no los compran porque son muy caros o hay poca variedad (pregunta 16), en cuanto al beneficio que pueden dar estos productos, parece que están conscientes de ellos ya que mencionan ser biodegradables y no dañar el planeta (pregunta 15).

Esta parte de la encuesta discrepa un poco sobre lo que dicen les responsables de las empresas analizadas y solo coinciden en que son bastante caros.

3°.- Según podemos apreciar, el Marketing verde no tiene aún la penetración suficiente para que las empresas lo utilicen como estrategia mercadológica y de esta manera verse beneficiados en sus ventas. Aunque la mayor parte de los gerentes entrevistados indican conocerlo y aplicarlo, parece ser que no da los resultados deseados. Esto genera un área de oportunidad muy importante para las empresas comercializadoras.

4°.- Se concluye también que los productos ecológicos que se comercializan en las distintas empresas analizadas, están muy bien focalizados siendo principalmente los envases para refresco (Pet) y el uso del papel reciclado. Esto significa que o no se han diversificado estos productos, que al consumidor no le interesan o bien que no se han promocionado adecuadamente, abriendo una oportunidad para los productores.

5°.- Finalmente y de acuerdo a lo expresado por los encuestados, existe un "pequeño" problema con los productos ecológicos distinto a los mencionados en el párrafo anterior, sus costos son considerados por el mercado, como muy elevados y por ende poco susceptibles a ser adquiridos; además de encontrar muy poca variedad de los mismos, lo que los hace poco atractivos a pesar de los beneficios que pueden aportar al medio ambiente

Se recomienda a las distintas empresas que participaron de esta investigación, en primer instancia implementar estrategias de Mercadotecnia que les permita posicionar en la mente del consumidor, aquellos productos ecológicos que el mercado no conoce o no sabe que existen, resaltando los beneficios que aportan al medio ambiente y por consecuencia a las personas, así como la diversificación de los mismos para que el consumidor se familiarice cada vez más con este tipo de productos y finalmente analizar junto con los proveedores los procesos de producción, con el objeto de bajar sus costos y de esta forma sean más atractivos para el consumidor. Finalmente todo lo que hagamos por resarcir el daño que hemos hecho al planeta es poco en relación a lo que el mismo nos proporciona.

Referencias.-

- Calomarde, J.V (2000). *Marketing Ecológico*. Ediciones Pirámide y Esic Editorial. Madrid.
- Chamorro, A (2001). *Marketing Ecológico; sí, Marketing Ecológico*. Publicado en Puertas a la Lecturas. Universidad de Extremadura.
- Fernández Nogales Ángel (2004). *Investigación y Técnicas de Mercado*. 2da. Edición. ESIC Editorial.
- Fuller, D.A. (1999). *Sustainable Marketing: Managerial-Ecological Issues*:pag:127

- Garavito Petersen (2009). Disponible en web: http://www.publicaciones.urbe.edu/index.php/cicag/article/viewArticle/640/1631
- Harvard Business Review (2009). *Impact Media*, Pág. 68.
- Hopfenbeck, W. (1993). Dirección y Marketing Ecológicos. Editorial Deusto.
- Kotler Philip y Amstrong Gary (2003). *Fundamentos de Marketing*, Sexta Edición, de Prentice Hall, pag:56
- Labandeira, X.; León, C; Vázquez (2007). *Economía Ambiental*, Pearson, México, pag.12).
- Parcerisa, Christin (2010). Envases que cuidan el planeta. City Life Magazine. pp. 48-49
- Sandhusen L. Richard (2002). *Mercadotecnia*, Primera Edición, Compañía Editorial Continental, Pág. 199.
- Smith Robert, Smith Thomas (2000). Ecología, Editorial Pearson – España.
- Xavier Labandeira, Carmelo J. León, Ma.Xosé Vázquez. (2007). *Economía Ambiental*. Pearson México.

Capítulo 5. Subasta Electrónica como Estrategia de Marketing Verde caso: Claud 7, S.A de C.V.

Rodolfo Garza Flores
Dinora Aradillas Piña
Lázaro Salas Benítez
Arturo Muñoz Camacho
Edalid Álvarez Velázquez

CAPÍTULO 5. Subasta Electrónica como Estrategia de Marketing Verde caso: Claud 7, S.A de C.V.

Introducción

Actualmente la mayoría de las empresas se han visto beneficiadas a través del comercio electrónico generado mediante internet. De acuerdo con el estudio más reciente sobre comercio electrónico de la Asociación Mexicana de Internet, señala que en México existen más de 43.7 millones de compradores por internet, concluyendo que los jóvenes cada vez compran más y la confianza está en aumento (AMIPCI, 2014).

Debido a la gran demanda las empresas están incursionando en el mercado on-line con el fin de atraer nuevos clientes a través de diversos modelos de negocio, dentro de los cuales surgen las subastas electrónicas son, conceptualmente, algo tan sencillo como trasladar a internet el mecanismo de compraventa de bienes mediante el sistema de subasta. Otros sitios denominan las subastas electrónicas como bazares virtuales que ofrecen a los compradores la posibilidad de obtener un surtido amplio y variado de mercancías provenientes de todo el mundo, y que proporciona a los vendedores una gran ventaja de comercializar sus productos a diversas partes del mundo.

Las empresas dedicadas a realizar subastas electrónicas cubren las necesidades de los clientes a fin de brindar un mejor servicio y obtener la confianza del mismo para futuras compras, ofrecen dentro del mecanismo de las subastas entretenimiento y diversión.

Este nuevo concepto de subastas electrónicas e interactivas se ha desarrollado en diversas partes del mundo, en México sólo se encuentran cuatro empresas las cuales conforman la competencia de la empresa Claud 7 S.A. de C.V.

Dentro de este entorno, las empresas que generan estos nuevos modelos de negocios como lo es el caso de las subastas electrónicas o en línea no utilizan una planeación estratégica adecuada para obtener la estabilidad de su empresa, es por ende que algunas han fracasado, tal es el caso de las empresas Ke-ganga y Mi mejor postor que sólo duraron 1 año.

Hoy en día las empresas se anticipan a realizar lanzamientos de sitios web, sin realizar una planeación estratégica antes de programar el lanzamiento, no cuentan con una buena estabilidad dentro del mercado y hace a que fracasen.

El Marketing Verde es la consecuencia de integrar el factor medioambiental en las funciones de la mercadotecnia, es decir, que el marketing dé seguridad al consumidor de que el producto o servicio que, por su naturaleza, presentación, costo e impacto medioambiental, responda mejor a sus necesidades. El Marketing Verde surge del marketing social, situándolo como mediador entre los intereses individuales y el interés público (Kotler, 2013).

La comercialización verde se refiere al proceso de venta de productos y / o servicios basado en sus beneficios ambientales. Dicho producto o servicio puede ser ecológico en sí mismo o producido de una manera respetuosa con el medio ambiente, incluyendo:

- Se fabrica de manera sostenible
- No contiene materiales tóxicos ni sustancias que agotan la capa de ozono
- Capaz de ser reciclado y / o producido a partir de materiales reciclados
- Estar hecho de materiales renovables (como bambú, etc.)
- No hacer uso de envases excesivos
- Estar diseñado para ser reparable y no "desechable"

Por otro lado, en México, el proceso de adquirir una cultura ecológica en cuanto al marketing verde ha sido lento, ya que son pocas las empresas y consumidores que tienen consciencia en el aspecto sustentable y ecológico, desconociéndose con exactitud el impacto socioeconómico que genera la mercadotecnia verde, en el comportamiento de los consumidores en su desarrollo y consumo sustentable.

Por lo anteriormente mencionado y considerando la importancia que tiene se pretende realizar una propuesta de planeación estratégica, para la empresa Claud 7, S.A. de C.V. la cual ha realizado diversas actividades para crear y desarrollar el sitio web, en el cual ofrece a los cibernautas entretenimiento y diversión a través de las subastas electrónicas e interactivas, se ofrecen atractivos productos a ganar, como: artículos para el hogar, electrónicos, tecnología, tarjetas de regalo, entre otras cosas más.

1.1 Definición del problema

Debido a que la empresa Claud 7 S.A. de C.V. cuenta con un sitio web sin previo lanzamiento no se generó una planeación estratégica adecuada y debido a esto no se concretaron los objetivos, no se cumple con una implementación de las estrategias correctas para captar clientes potenciales, además de que no se han utilizado herramientas de análisis y de gestión, llevando consigo que no se cumplan las normas para considerarse dentro de las estrategias del marketing verde.

Se generaron diversas estrategias conforme a la marcha, el primer objetivo de esta fue atraer clientes por medio de diversas herramientas publicitarias las cuales lograron captar algunos clientes, pero aún no se ha logrado convencer a los clientes para que compren algún paquete de bids y los escasos clientes que han comprado algún paquete al no ganar un producto dejan de participar, es importante para la empresa Claud 7 S.A. de C.V. que los clientes se queden cautivos y logren llegar clientes potenciales para que sigan participando dentro de las subastas que se realizan en el sitio, lo que conlleva a grandes esfuerzos y se utilicen los recursos de manera irracional.

Se han obtenido grandes pérdidas en inversión de productos, ya que los clientes registrados en el sitio no compran los paquetes más grandes para participar en el sitio y su inversión es mínima. Es lamentable que el tiempo que lleva en el mercado esté generando pérdidas, a pesar de la gran difusión que se le ha dado tanto en la zona como a nivel nacional a través de diversos espacios publicitarios de internet y redes sociales.

El equipo de trabajo de la empresa Claud 7 S.A. de C.V. realiza un gran esfuerzo para lograr convencer a los clientes actuales y a los clientes potenciales para que participen subastando, pero no cuentan con un análisis completo de la situación actual y el gerente general traza como único objetivo aumentar las ventas.

Es de gran importancia desarrollar un plan estratégico para la empresa Claud 7 S.A. de C.V. ya que hoy en día las empresas no toman en cuenta los riesgos que corren al no planear, sólo creen que se puede invertir en desarrollar una empresa, sin importar en que se fundamentará que dirección se debe dar o a donde se quiere llegar, que se debe realizar un plan estratégico para realizar una formulación de estrategias para llegar a la meta, y que no sólo se debe realizar una planeación a corto, mediano y a largo plazo.

Es conveniente desarrollar una planeación estratégica para Claud 7 S.A. de C.V. debido a que es una herramienta que le brindará identidad, entorno, trayectoria y futuro a la empresa. Al implementar una planeación estratégica se establecerán objetivos a medio plazo y se diseñarán los mecanismos para alcanzarlos y de esa manera entrar en el ámbito socio cultural del marketing verde.

1.2 Objetivos de la investigación

1.2.1 Objetivo general

Desarrollar el plan estratégico para la empresa de Claud 7 S.A. de C.V., que impacte positivamente al desarrollo sostenible y a la responsabilidad social corporativa por medio de la práctica del Marketing Verde.

1.2.2 Objetivos específicos

1. Identificar y evaluar los elementos que integran el sitio web.
2. Desarrollar un análisis comparativo de los diversos sitios web que ofrecen este tipo de subastas interactivas y evaluar las características o herramientas que estas implementan.
3. Proponer el plan publicitario y plan de administración para el sitio web.
4. Generar las estrategias y herramientas que servirán de apoyo para el Plan Estratégico.
5. Diseñar el Plan Estratégico para la empresa Claud 7 S.A. de C.V. que impacte en el Marketing Verde.

1.3 Planteamiento del problema

En este estudio se pretende dar respuesta a la siguiente pregunta general:

¿Cuáles son las implicaciones de desarrollar un plan estratégico para la empresa Claud 7, S.A. de C.V. que impacte positivamente al desarrollo sostenible y a la responsabilidad social corporativa por medio de la práctica del Marketing Verde?

1.4 Supuesto

Al desarrollar el plan estratégico de la empresa Claud 7 S.A. de C.V. se incrementarán las ventas; además, al proporcionar las diversas estrategias y herramientas permitirán prosperar al sitio web e impactará positivamente al desarrollo sostenible y a la responsabilidad social corporativa por medio de la práctica del Marketing Verde.

1.5 Justificación

Dado que la empresa Claud 7 S.A. de C.V. se dirige al mercado nacional por medio de internet cuenta con una gran ambición de crecimiento a nivel mundial, pero para comenzar a lograrlo debe contar con un plan estratégico ya que sólo posee la misión y visión plasmadas sin cubrir todos los alcances de la empresa. El personal tiene como único objetivo el incrementar las ventas, sin considerar que la empresa se debe regir en base a un plan estratégico y que no sólo se debe cubrir un objetivo sin formular las estrategias adecuadas, para un buen orden y funcionamiento de la empresa.

Antes de realizar el lanzamiento de su página, la empresa Claud 7 S.A. de C.V. realizó un análisis comparativo de la competencia para analizar el mercado nacional, pero desde el transcurso del lanzamiento no se ha implementado ninguna herramienta para evaluar e identificar las posibles causas que han generado las bajas ventas.

En esta investigación se identificará y evaluarán los elementos que integran a la empresa Claud 7 S.A. de C.V. para obtener las estrategias que se podrán implementar, además de evaluar las estrategias que se han utilizado en el transcurso del año y que han causado mayor impacto en los clientes.

Se desarrollará un análisis comparativo para obtener las diferencias entre las empresas del mismo sector, con el fin de mejorar las herramientas e implementar las no existentes dentro de la empresa Claud 7 S.A. de C.V., esto ayudará a incrementar la confianza de los usuarios y mejorar los resultados.

Además, se desarrolla un plan estratégico para determinar la dirección hacia donde se pretende llegar, determinar la situación actual de la empresa Claud 7 S.A. de C.V. por medio de las herramientas de gestión y la formulación de estrategias para llegar a cumplir los objetivos y metas.

Asimismo, con lo anterior, practicar el Marketing Verde y así confiar al desarrollo sostenible y a la responsabilidad social corporativa de esta manera, la empresa se encontrará en condiciones de implementar prácticas empresariales sostenibles, ya que se reconoce que al hacerlo se pueden hacer los productos que ofrece Claud 7, más atractivos para los consumidores y también reducir los gastos, incluyendo el envasado, el transporte, el uso de energía/agua, papelería, etc. Agregando que un alto nivel de responsabilidad social puede aumentar la lealtad de la marca entre los consumidores socialmente conscientes.

2. Fundamentación Teórica

2.1 Marco Contextual

Claud 7 S.A. de C.V. es una sociedad anónima situada, como se puede observar en la figura 2.1, en la calle Agua Dulce #523 interior 101, Col. La Florida, en la ciudad de Tampico, Tamaulipas. Se encuentra en el área metropolitana de la ciudad y se localiza a los 22°15'25" de latitud norte y a los 97°52'19" de longitud oeste, las oficinas se encuentran dentro del edificio Ergon en la planta baja, las instalaciones son de alquiler, se cuenta con un área de 36m2 dentro de los cuales se cuenta con la recepción y dos oficinas.

Figura 2.1 Ubicación de la empresa Claud 7 S.A. de C.V.

2.1.1 Distribución de planta

La distribución de planta de Claud 7 S.A. de C.V., se puede observar en la figura 2.2.

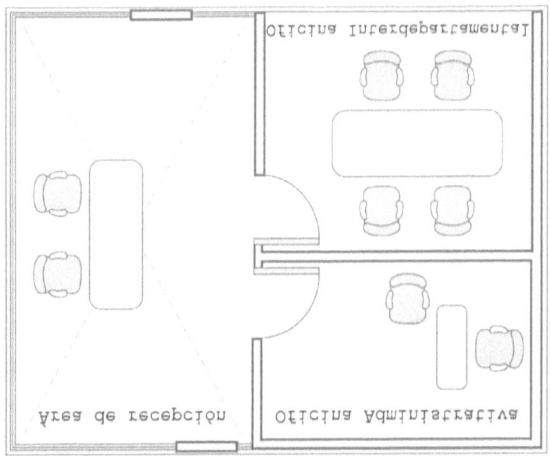

Figura 2.2 Distribución de planta de la empresa Claud 7 S.A. de C.V.

Como se muestra en la figura 2.2, las áreas correspondientes son las siguientes:

Área de Recepción. - En este lugar se da la atención personalizada a los clientes y se realizan las entregas de los productos a los clientes ganadores, además de contar con una sala de espera. A su vez también se recibe la paquetería de la oficina y envíos de proveedores.

Oficina Administrativa. - Esta oficina se divide en dos cubículos el del gerenteL general y el área del administrador.

Oficina Interdepartamental. - Esta oficina se divide en tres departamentos y está compuesta por cubículos seccionados para cada uno de ellos.

2.2 Marco Teórico

En el presente apartado se describen los términos clave que integran el trabajo de investigación.

Plan: Suele referirse a un programa o procedimiento para conseguir un determinado objetivo, o puede definirse como un curso de acción definido conscientemente, una guía para enfrentar una situación. (Henry Mintzberg, 1997).

Un plan es una intención o un proyecto. Se trata de un modelo sistemático que se elabora antes de realizar una acción, con el objetivo de dirigirla y encauzarla. En este sentido, un plan es la consecuencia de una idea, generalmente y en función de lograr una óptima organización, adoptará la forma de un documento escrito en el cual se plasmará dicha idea acompañada de las metas, estrategias, tácticas, directrices y políticas a seguir en tiempo y espacio, así como los instrumentos, mecanismos y acciones que se usarán para alcanzar los fines propuestos y que fueron la motivación del mismo. (Definicion.de, 2008).

Planeación: Es decidir o identificar los objetivos que se van a alcanzar en un tiempo determinado para lograr un fin en específico, luego de esto lo siguiente es como alcanzarlos, En esencia, la palabra planeación se formular un plan o un patrón integrando predeterminando de las futuras actividades, esto requiere la facultad de prever, de visualizar, del propósito de ver hacia delante (Ducker, 1954).

Estrategia: Es un conjunto de acciones planificadas sistemáticamente en el tiempo que se llevan a cabo para lograr un determinado fin o misión (Becerra, 2012).

Planeación Estratégica: Es un documento en el que los responsables de una organización (empresarial, institucional, no gubernamental, deportiva,...) refleja cual será la estrategia a seguir por su compañía en el medio plazo. Es la elaboración, desarrollo y puesta en marcha de distintos planes operativos por parte de las empresas u organizaciones, con la intención de alcanzar objetivos y metas planteadas. Estos planes pueden ser a corto, mediano o largo plazo (Steiner, 1985 y 1991).

Subasta: Es una venta organizada de un producto basado en la competencia directa, y generalmente pública, es decir, a aquel comprador (postor) que pague la mayor cantidad de dinero o de bienes a cambio del producto. El bien subastado se adjudica al postor que más dinero haya ofrecido por él, aunque si la subasta es en sobre cerrado, el bien se adjudica a la mejor oferta sin posibilidad de mejorarla una vez conocida (Academic, 2000).

Subasta por internet o en línea: Sistema que permite a sus usuarios comprar y/o vender sus propios bienes a otros usuarios en internet, generalmente en un sitio web (Alegsa. com, 1998).

Empresa de subastas electrónicas por internet: Son conocidas como tiendas online que realizan subastas de productos a través de diversos sitios web (Torremolinos, 2010).

Marketing: Es un método de concebir y ejecutar la relación de intercambio, con la finalidad de que sea satisfactoria a las partes que intervienen la sociedad, mediante el desarrollo, valoración distribución y promoción, por una de las partes, de los bienes, servicios o ideas que la otra parte necesita (Santesmases, 1996).

Marketing Verde: Pride y Ferrel (1993) Indican que el marketing medioambiental está compuesto por los esfuerzos realizados por la empresa para diseñar, promocionar, establecer la política de precios y distribuir productos no dañinos al entorno. Al marketing verde se le conoce con diferentes nombres, por mencionar algunos; marketing ecológico, marketing ambiental, ecomarketing, marketing sustentable, etc.

Beneficios del Marketing Verde

De acuerdo a Salas et al., (2016), los beneficios del marketing verde se pueden observar en la Tabla 2.1

Tabla 1: Beneficios del Marketing Verde

Laborales	Administrativos	Económicos
Seguridad laboral.	Control Interno.	Ahorro mayor a 50% en los costos (papelería, envíos, etc.).
Tener un buen control en el inventario.	Mejor registro de operaciones	Acceso a recursos.
Seguridad en el intercambio de información y almacenamiento de datos.	Facilidad en el proceso de los procesos electrónicos-digitales.	Solvencia y liquidez.
Agilidad en la localización de información.	Reducción de tiempo (búsqueda y localización rápida).	Certeza en la toma de decisiones comerciales.

Laborales	Administrativos	Económicos
Desarrollo sustentable y optimización de recursos.	Desarrollo sustentable y optimización de recursos.	Desarrollo sustentable y optimización de recursos

Además, a nivel general, el Marketing Verde proporciona los siguientes beneficios:

- Facilidad en la localización de los ingresos y egresos del negocio, es decir, agilidad en la localización de las operaciones que se realizan a diario.
- Facilita procesos administrativos, recepción y envío oportunos, así como la posibilidad de explorar la información general, para la adecuada toma de decisiones más acertada y con mayor certeza.
- Lograr ahorrar un 50% en los costos del proceso de facturación, como es en papelería, almacenaje, envíos, etcétera (optimización de recursos).
- Seguridad en el intercambio de información y almacenamiento de datos con clientes internos y externos.
- Reducción de tiempo en la emisión, envío, recepción y cobranza, la cual genera una ganancia para el negocio.
- Tener un buen y adecuado control del inventario.
- Eliminación de espacios de almacenamiento de documentos históricos (desarrollo sustentable).
- Limpieza y orden en las oficinas donde se lleva el control organizacional (impacto ambiental).

3. Método de la Investigación

3.1 Enfoque Metodológico

3.1.1 Tipo de investigación

El tipo de investigación que se realizó, y de acuerdo a Hernández (2012), es descriptiva y analítica; descriptiva en base a que se describe la situación actual del sitio web de la empresa Claud 7 S.A. de C.V.; y analítica porque desglosa el problema y explica las causas junto con las consecuencias de la problemática actual.

3.1.2 Enfoque de la investigación

El enfoque de esta investigación es científico cualitativo puesto que se fundamenta en base a los antecedentes, planteamiento de la problemática, y descripción de los objetivos, hasta que finalice este proyecto, llevándose a cabo para ello, el método científico.

3.1.3 Método de investigación

El método de investigación es descriptivo y analítico, ya que se apoyó en información basada en el análisis de las situaciones, observaciones y actitudes mostradas dentro de la empresa.

Con lo anteriormente mencionado es una investigación científica, descriptiva y analítica. A su vez es transversal pues los datos se recolectarán en un sólo momento, su propósito será describir variables en un tiempo único.

4. Análisis de datos y resultados

4.1 Análisis Foda

A continuación se presenta el posicionamiento estratégico de la empresa Claud 7 S.A. de C.V., el cual se determinó a partir de este análisis foda.

En este análisis se identifican las fortalezas, oportunidades, debilidades y amenazas, de tal forma que permita establecer posteriormente las estrategias competitivas para aprovechar las oportunidades a partir de las fortalezas, minimizar debilidades y neutralizar amenazas.

Fortalezas

F_1. Espíritu emprendedor del propietario y empleados.
F_2. Buen ambiente laboral.
F_3. Liquidez.
F_4. Equipamiento de última generación.
F_5. Base de Clientes.
F_6. Personal capacitado.
F_7. Precio competitivo.
F_8. Productos de marcas prestigiosas.

Oportunidades

O_1. Tendencias favorables en el mercado.
O_2. Expectativas de mayor consumo, derivadas de la tasa de crecimiento de usuarios en internet.
O_3. Ofrecer productos/servicios de calidad.
O_4. Marketing Efectivo.

Debilidades

D_1. Ausencia de un plan estratégico.

D_2. Inexistencia de un diagrama que defina responsabilidad y líneas de mando.

D_3. Ausencia de descripción de puestos y actitudes necesarias para cubrir un puesto vacante.

D_4. Inexistencia de procesos definidos de trabajo.

D_5. Falta de Control Interno.

D_6. Desconocimiento del mercado.

D_7. Falta de Políticas y Condiciones de uso.

D_8. No contar con proveedores fijos.

D_9. Falta de alianzas de negocios.

Amenazas

A_1. Recesión Económica.

A_2. Limitadas formas de pago.

A_3. Dificultad para generar confianza en usuarios nuevos.

A_4. Productos sin garantía por parte del proveedor.

A_5. Falta de Reglas y Alineamientos para el uso del sitio.

A_6. Ingreso de grandes competidores en el mercado.

Los factores anteriormente mencionados muestran el posicionamiento de la empresa Claud 7 S.A. de C.V., y se presentan en el cuadro 4.1

Cuadro 4.1 POSICIONAMIENTO ESTRATÉGICO DE CLAUD 7 S.A DE C.V	
Factores Internos	
Fortalezas (F)	Debilidades (D)
F1. Espíritu emprendedor del propietario y empleados.	D1. Ausencia de un plan estratégico.
F2. Buen ambiente laboral.	D2. Inexistencia de un diagrama que defina responsabilidad y líneas de mando.
F3. Liquidez.	D3. Ausencia de descripción de puestos y actitudes necesarias para cubrir un puesto vacante.
F4. Equipamiento de última generación.	
F5. Base de Clientes.	D4. Inexistencia de procesos definidos de trabajo.
F6. Personal capacitado.	D5. Falta de Control Interno.
F7. Precio competitivo.	D6. Desconocimiento del mercado.
F8. Productos de marcas prestigiosas.	D7. Falta de Políticas y Condiciones de uso.
	D8. No contar con proveedores fijos.
	D9. Falta de alianzas de negocios.
Factores Externos	
Oportunidades (O)	Amenazas (A)
O1. Tendencias favorables en el mercado.	A1. Recesión Económica.
O2. Expectativas de mayor consumo, derivadas de la tasa de crecimiento de usuarios en internet.	A2. Limitadas formas de pago.
	A3. Dificultad para generar confianza en usuarios nuevos.
O3. Ofrecer productos/servicios de calidad.	A4. Productos sin garantía por parte del proveedor.
O4. Marketing Efectivo.	A5. Falta de Reglas y Alineamientos para el uso del sitio.
	A6. Ingreso de grandes competidores en el mercado.

Fuente: Elaboración propia con datos de la investigación.

4.2 Resultados

Después de haber identificado las fortalezas, debilidades, oportunidades y amenazas resultantes del análisis efectuado a la empresa Claud 7 S.A. de C.V., se sugiere que se realicen acciones que permitan minimizar las debilidades y amenazas que presenta la empresa; dichas recomendaciones son:

Acciones recomendadas para apoyar estrategias alternativas (E).

E_1. Elaboración del plan estratégico.
E_2. Documentar y añadir los elementos que deben integrar el sitio web.
E_3. Seguridad y Uso del Sitio.

Acciones enfocadas al personal

E_4. Elaboración del organigrama.
E_5. Elaboración del manual de organización o procedimientos.
E_6. Elaborar el análisis de puestos.

Acciones enfocadas a ventas

E_7. Desarrollar un plan publicitario.
E_8. Realizar un análisis comparativo de la competencia.
E_9. Convenio con proveedores para adquirir productos a crédito y dentro de las instalaciones.

Después de presentar las diferentes acciones que ayudarán a minimizar las debilidades y amenazas de la empresa Claud 7 S.A. de C.V., se somete a un análisis sistemático mediante la matriz FODA para detectar las relaciones entre las variables más importantes, dando como resultado las estrategias alternativas que se muestran en el cuadro 4.2

A través del análisis de posicionamiento estratégico se establece que la empresa posee fortalezas que constituyen factores clave de éxito que le generan ventajas competitivas.

La posición actual de la empresa puede permitirle aprovechar las oportunidades que brinda el crecimiento de la tasa de consumo de usuarios a través de internet.

Cuadro 4.2 ESTRATEGIAS ALTERNATIVAS PARA CLAUD 7 S.A DE C.V		
Factores Internos	**Fortalezas** (F)	**Debilidades** (D)
Factores Externos	**Estrategia FO** (maxi-maxi)	**Estrategia DO** (mini-maxi)
Oportunidades (O)	F1 para aprovechar la O2. F2 para aprovechar la O3. F3 para aprovechar las O2,O3 y O4. F4 para aprovechar las O3 y O4. F5 para aprovechar la O4. F6 para aprovechar las O1 y O3. F7 para aprovechar las O2 y O4. F8 para aprovechar las O1 y O4.	E1 para superar D1, y aprovechar la O2. E2 para superar D5 y D7 y aprovechar la O3. E3 para superar D2, D3 y D5 y aprovechar la O3. E4 para superar D4 y D5 y aprovechar la O3. E5 para superar D3 y aprovechar la O3. E6 para superar D6 y aprovechar las O1, O2 y O3. E7 para superar D6 y D7 y aprovechar las O1 y O4. E8 para superar D8 y D9 y aprovechar las O1 y O3.
	Estrategia FA (maxi-mini)	**Estrategia DA** (mini-mini)
Amenazas (A)	Optimizar F1 para reducir al mínimo las A1 y A6. Optimizar F2 para reducir al mínimo las A1 y A6. Optimizar F3 para reducir al mínimo las A1 y A6. Optimizar F4 para reducir al mínimo las A2, A5 y A6. Optimizar F5 para reducir al mínimo la A3. Optimizar F6 para reducir al mínimo la A6. Optimizar F7 para reducir al mínimo las A2 y A3. Optimizar F8 para reducir al mínimo la A3.	E1 permite reducir al mínimo tanto D1, como la A3. E2 permite reducir al mínimo tanto D5 y D7 como la A2 y A5. E3 permite reducir al mínimo tanto D2 y D3 como la A3. E4 permite reducir al mínimo tanto D4 y D5 como la A3. E5 permite reducir al mínimo tanto D3 y D5 como la A3. E6 permite reducir al mínimo tanto D6, como las A3 y A6. E7 permite reducir al mínimo tanto D7, como las A2 y A6. E8 permite reducir al mínimo tanto D8 y D9 como las A1 y A4.

Fuente: Elaboración propia con datos de la investigación.

5. Planeación Estratégica: Propuesta.

En este apartado se presenta la propuesta de realizar un plan estratégico para la empresa Claud 7 S.A. de C.V., como anteriormente se ha mencionado se desarrolló un análisis de la situación de la empresa y se diagnosticó a través del análisis foda, después de estas dos etapas, se podrán declarar los objetivos estratégicos a través de esta propuesta.

5.1 Propuesta de Planeación Estratégica

Breve Historia

Claud 7 S.A. de C.V. surgió con la intención de desarrollar una compañía que pudiera proveer de entretenimiento por medio de subastas interactivas a través de un sitio web con el fin de brindar a sus clientes productos de marcas prestigiosas y un servicio dinámico de alta calidad.

Visión

Ser una empresa orientada a la satisfacción y al compromiso con sus clientes; que ofrece productos de una manera innovadora y versátil, interesada en el desarrollo económico de la sociedad mexicana.

Misión

Proporcionar una plataforma comercial a nivel nacional con la cual cualquier persona pueda adquirir productos para mejorar su calidad de vida a través del entretenimiento y la diversión que ofrecen las subastas electrónicas.

Valores

Respeto: Claud 7 S.A. de C.V. valora a las personas que colaboran con la empresa en sus capacidades y brinda un trabajo justo a todos aquellos con quienes se tiene relación.

Compromiso: Los miembros de la empresa cuentan con la obligación de brindar el apoyo en las inquietudes que los clientes cuenten.

Responsabilidad: Los miembros de la empresa están conscientes que deben cumplir con ética y la moral en los procesos establecidos en la organización.

Confianza: Claud 7 S.A. de C.V. brinda transparencia y seguridad a sus clientes, con el fin de obtener un lazo que fortalezca la relación.

Filosofía

Fomentar el entretenimiento online para mejorar la calidad de vida de nuestros usuarios por medio de la interacción dentro de nuestras subastas dinámicas.

Objetivos Generales

- Implantar confianza en los clientes y garantizar su satisfacción total.
- Ayudar al desarrollo de la sociedad tampiqueña mediante la apertura de oportunidades y la extensión de beneficios al personal.
- Mantener actualizado al personal de las últimas tecnologías disponibles en el mercado.
- Ser una marca que los demandantes reconozcan a nivel nacional
- Impactar positivamente al desarrollo sostenible y a la responsabilidad social corporativa por medio de la práctica del Marketing Verde.
- Posicionar productos y servicios mediante la práctica del Marketing Verde.
- Incrementar las ventas

5.2 Estrategias

E2. Documentar y añadir los elementos que deben integrar el sitio web.

E3. Seguridad y Uso del Sitio.

E4. Elaboración del organigrama.
E5. Elaboración del manual de organización o procedimientos.
E6. Elaborar el análisis de puestos.
E7. Desarrollar un plan publicitario.
E8. Realizar un análisis comparativo de la competencia.
E9. Convenio con proveedores para adquirir productos a crédito y dentro de las instalaciones.

6. Conclusiones

Cuando las empresas trabajan estratégicamente con subastas electrónicas, muestran a los clientes potenciales que se siguen las prácticas comerciales verdes y que se podría incrementar la cartera de clientes. El marketing verde no es sólo un eslogan; es una estrategia de marketing que puede ayudar a obtener más clientes y obtener más dividendos, considerando tres claves para el éxito de las campañas de marketing verde, como son:

1. *Ser auténtico*, que significa que se está haciendo realmente lo que se dice estar haciendo en la campaña de marketing verde y, además, que el resto de las políticas de negocio son consistentes siendo respetuosos del medio ambiente. Ambas condiciones deben cumplirse para que la empresa establezca el tipo de credenciales ambientales que permitirán que la campaña y la organización tengan éxito.

2. *Educar a los clientes*, que no es sólo una cuestión de dejar que la gente sepa que se está haciendo lo que se está haciendo para proteger el medio ambiente, sino también una cuestión de hacerles saber por qué es importante, ser una empresa responsable utilizando las subastas electrónicas contando con una buena planeación estratégica.

Es importante explicar los beneficios de utilizar estrategias de marketing verde en la misma subasta electrónica a los clientes y a través del sitio web de la empresa o en las redes sociales; haciendo mención de cómo el servicio de subasta electrónica bien planeado puede ayudar a reducir las emisiones de CO_2 que contribuyen al cambio climático.

3. *Alentar a los clientes a participar,* ya que para que las subastas electrónicas tengan éxito, se requiere de personalizar los beneficios de las acciones respetuosas de la empresa con el medio ambiente, normalmente permitiendo que el cliente tome parte en una acción ambiental positiva.

Además, con la presente investigación se ha desarrollado el "plan estratégico de la empresa de Claud 7 S.A. de C.V.", en la que se concluye lo siguiente:

- Al implementar el Plan Estratégico se podrá documentar la información que integra la empresa con el fin de obtener el control en los procesos y procedimientos que integran el sitio web además de garantizar una adecuada administración.

- Al implementar la estrategia de seguridad y uso del sitio, la empresa se compromete con los usuarios a proteger sus datos personales de manera confidencial y no hacer algún mal uso de ellos, además de proteger sus propios intereses.

- Las estrategias que integran la propuesta benefician a la empresa para lograr los objetivos que se tienen trazados y cumplir con un tiempo determinado a alcanzarlos.

- Con la elaboración de un organigrama se podrá obtener un mejor control del personal dentro de cada una de las áreas o departamentos que integran la empresa.

- El manual de la organización o procedimientos ayuda a que los integrantes de cada departamento desarrollen adecuadamente sus labores con los procesos correctos para cumplir con los objetivos en un tiempo determinado. Además se complementa con la estrategia de análisis de puestos para colocar de manera adecuada al personal en cada departamento y así brindar un mejor servicio a sus clientes.

- El plan publicitario complementa la propuesta con el fin de concretar los objetivos generales como atraer nuevos clientes, generar tráfico en el sitio web y así concretar las ventas.

- Al realizar el análisis comparativo de la competencia se pueden desarrollar nuevas estrategias que beneficien el sitio web y a las subastas electrónicas.

- Por medio del convenio con los proveedores se podrán garantizar precios más bajos, stock de productos, además de sincronizar los tiempos de colocación de las subastas futuras en la página web, esto beneficia a llevar un control en los procesos y obtener mejores resultados.

Una vez que se implemente la Planeación Estratégica, recomendada como resultado del trabajo de investigación, en Claud 7, S.A. de C.V., se traerá como consecuencia las siguientes ventajas competitivas:

- Aumento del conocimiento de la propia entidad, lo que permite detectar áreas de mejora.

- Aumento del conocimiento de los grupos de interés, de tal forma que puede darse una mejor respuesta a sus expectativas.

- Aumento del sentido de pertenencia de las personas a la organización, lo que tiene efectos directos sobre la motivación y la productividad.

- Permite detectar oportunidades, clasificarlas por orden de prioridad y explotarlas.
- Prepara a la empresa para estar al día de los cambios, y para gestionar mejor aquellos que le son adversos.
- Permite mejorar el proceso de toma de decisiones.
- Disminuye la cantidad de recursos y tiempo que se dedica a corregir decisiones improvisadas.
- Fomenta el razonamiento anticipándose a los hechos.
- Ayuda a priorizar los problemas en función de su importancia e impacto en la organización.
- Permite prever problemas y tomar decisiones de manera preventiva, disminuyendo la resolución correctiva.
- Detecta las amenazas y oportunidades del entorno y la problemática interna con suficiente antelación.
- Reduce considerablemente los errores y desviaciones en las metas programadas al definir los posibles cambios y comportamientos, tanto del exterior como del interior de la organización.

Referencias bibliográficas

Academic. (2000). Los diccionarios y las enciclopedias sobre el Académico. Consultado el 29 de agosto del 2017. [www.esacademic.com].

Asociación Mexicana de Internet. (AMIPCI). Estudio de Comercio Electrónico en México 2014 y 2015. [http://www.amipci.org.mx].

Asociación Mexicana de Internet. (AMIPCI). Estudio de Comercio Electrónico en México 2014 y 2015. [http://www.amipci.org.mx].

Becerra, Omar. (2012). Estrategia. Consultado el 19 de julio del 2017. [http://omarbecerrav.blogspot.mx].

Definición de. (2008). Definición de Plan. Consultado el 19 de julio del 2017. [http://definicion.de/plan].

Ducker, Peter F. (2010). The Practice of Management. 1ª Edición. Editorial Harper Collins. New York.

Hernández Sampieri, Roberto. (2012). Metodología de la investigación. 3ª Edición. Editorial Mc Graw Hill. México, D.F.

Kotler, Philip. (2013). Dirección de Marketing: Conceptos Esenciales. Editorial Prentice Hall. México, D.F.

Mintzberg, Henry. (1997). El Proceso Estratégico. 1ª Edición. Editorial Prentice Hall. México.

Salas Benítez Lázaro, Muñoz Camacho Arturo, Guzmán Obando Javier, Álvarez Velázquez Edalid (2016). Beneficios de Marketing Verde en la Contabilidad Electrónica en una Microempresa con Actividad Comercial en Tuxpan Veracruz. 1ª. Edición, Editorial Pearson Educacion, México.

Santesmases, M. (1996). Términos de marketing. . En M. Santesmases. Pirámide.

Stanton J. William, E. J. (2012). Fundamentos de Marketing. México.: Mc Graw Hill.

Steiner, George. (1985). Planeación Estratégica: Lo que todo director debe saber. 1ª Edición. Editorial CECSA. México.

Steiner, George. (1991). Planificación de la alta Dirección. 5ª Edición. Editorial CECSA. México.

Torremolinos (2010). Subastas en Internet. Consultado el 19 de julio del 2017. [http://www.portaltorremolinos.com].